ANGELO VARGAS

DECIDA VIVER O EXTRAORDINÁRIO

Domine as seis fases da
consciência para desbloquear uma
vida com prosperidade e sucesso

Diretora
Rosely Boschini

Gerente Editorial Sênior
Rosângela de Araujo Pinheiro
Barbosa

Editora
Audrya de Oliveira

Assistente Editorial
Mariá Moritz Tomazoni

Produção Gráfica
Fábio Esteves

Edição de texto
Algo Novo Editorial

Preparação
Vero Verbo Serviços Editoriais

**Capa, Projeto Gráfico e
Diagramação**
Márcia Matos

Revisão
Fernanda Guerriero Antunes
Ana Paula Rezende

Impressão
Assahi

CARO LEITOR,
Queremos saber sua opinião
sobre nossos livros.
Após a leitura, curta-nos no
facebook.com/editoragentebr,
siga-nos no Twitter @EditoraGente,
no Instagram @editoragente
e visite-nos no site www.editoragente.com.br.
Cadastre-se e contribua com sugestões,
críticas ou elogios.

Copyright © 2023 by Angelo Vargas
Todos os direitos desta edição
são reservados à Editora Gente.
Rua Natingui, 379 – Vila Madalena
São Paulo, SP – CEP 05443-000
Telefone: (11) 3670-2500
Site: www.editoragente.com.br
E-mail: gente@editoragente.com.br

Dados Internacionais de Catalogação na Publicação (CIP)
Angélica Ilacqua CRB-8/7057

Vargas, Angelo
   Decida viver o extraordinário: domine as seis fases da
consciência para desbloquear uma vida com prosperidade e
sucesso / Angelo Vargas. - São Paulo: Autoridade, 2023.
   208 p.

ISBN 978-65-88523-81-0

1. Desenvolvimento pessoal 2. Sucesso I. Título

23-4713   CDD 158.1

Índice para catálogo sistemático:
1. Desenvolvimento pessoal

Este livro foi impresso em papel pólen bold 70g pela
gráfica Assahi em outubro de 2023.

NOTA DA PUBLISHER

Quando a vida nos coloca diante de um caminho tortuoso, temos duas opções: estagnar e viver em constante insatisfação, ou enfrentar os desafios, aprender a superá-los e desfrutar das realizações que construiremos pela jornada.

No entanto, a maioria das pessoas opta pela primeira opção, afinal, o local de conforto é quentinho, passa a falsa sensação de segurança e se mostra estável: até o momento em que não é mais.

Angelo Vargas, autor desta obra inspiradora, descobriu como a vida pode ser desafiadora mesmo quando tudo parece certo, e aprendeu que, para vivermos o extraordinário de nossa existência, precisamos agir e construir prosperidade.

Ao longo destas páginas, então, o autor nos conduz por uma jornada de autodescoberta e superação, inspirando-nos a construir a vida que desejamos para nós e nossa família. Ele mostra como a atitude mental e a clareza de objetivos são fundamentais para alcançar a prosperidade em todas as áreas da vida, seja ela emocional, espiritual, financeira, física, social ou temporal.

Com histórias envolventes e reflexões profundas, o autor nos guia em direção à compreensão de que cada pessoa é capaz de desbloquear seu potencial e criar uma vida extraordinária. E nos desafia a repensar nossas crenças limitantes e a abraçar a clareza de objetivos como base para alcançar resultados significativos.

Decida viver o extraordinário é uma leitura inspiradora que nos incentiva a tomar as rédeas de nossa própria vida, superar desafios e buscar a excelência em todas as áreas. Então, deixo a você, leitor, meu convite para mergulhar em uma jornada de autodescoberta, crescimento pessoal e superação.

Boa leitura,

Rosely Boschini, CEO e Publisher da Editora Gente

Dedico este livro à minha esposa Loraine Vargas e
aos meus filhos Maria Teresa e Miguel.

Agradeço a Deus por todas as graças
derramadas em minha vida.

SUMÁRIO

PREFÁCIO 11

INTRODUÇÃO 14
**O TESOURO ESTÁ MAIS
PRÓXIMO DO QUE PARECE**

CAPÍTULO 1 37
**QUANDO O INESPERADO
ACONTECE**

CAPÍTULO 2 53
**A ESTRADA DA
CONSCIÊNCIA**

CAPÍTULO 3 75
**FASE DA IDENTIFICAÇÃO:
DESBRAVANDO O
DESCONHECIDO**

CAPÍTULO 4 93
**FASE DA DESCOBERTA:
REVELANDO OS
DESEJOS**

CAPÍTULO 5 117
**FASE DA CORAGEM:
TOMANDO AS DECISÕES
CERTAS**

CAPÍTULO 6 143
**FASE DA SUPERAÇÃO:
REALIZANDO ESCOLHAS
RUMO À PROSPERIDADE**

CAPÍTULO 7 185
**FASE DA RESILIÊNCIA:
CONSTRUINDO A
PERSEVERANÇA**

CONCLUSÃO 201
**FASE DA CONQUISTA:
COLHENDO SEUS
RESULTADOS**

PREFÁCIO

Quando o amigo Angelo Vargas me convidou para escrever o prefácio de seu livro e recebi uma cópia para ler, fui impactado por uma série de sentimentos e lembranças. Remeteu-me a minha trajetória, desde a vida de escassez durante a infância, em que tive que começar a trabalhar muito novo como engraxate, depois vendedor de laranjas, e até mesmo locutor infantil. Lembrei-me dos desafios que tive que enfrentar para empreender e "crescer na vida", como se costuma falar. Foi como rememorar toda uma jornada de décadas. Tenho certeza de que assim também será com você, leitor, de uma forma ou de outra – ou como confirmação de que seu caminho até aqui é realmente de sucesso, ou como estímulo a mudanças na rota para que um novo futuro comece a se desenhar.

O que você encontrará nas próximas páginas é uma série de provocações e reflexões sobre a vida e seus caminhos. Terá acesso a relatos reais e histórias que deixam, no mínimo, um incômodo (positivo) – aquela sensação de que a mensagem é para você. Assim como um jogo de videogame, Angelo traz as diversas fases da vida que levam ao sucesso pessoal e profissional. Como o próprio autor diz, a resposta para transpor cada fase está dentro de você. A começar pela programação mental. Essa é a primeira e talvez principal ferramenta que lhe permitirá quebrar as amarras que o prendem a uma situação de escassez e partir em busca do sucesso e da prosperidade. Nesse ponto, Angelo cita os diversos sabotadores, como "vírus" instalados no sistema operacional do nosso cérebro que trabalham contra nosso progresso. É preciso limpar as ameaças.

Ampliando o quadro de considerações, um ponto muito relevante aqui abordado pelo autor é a realização de sonhos. Você tem sonhos? O que tem feito para torná-los realidade? Ora, o sonho, enquanto ideia, nada mais é do que isso, uma ideia. Ele é o mapa, o combustível para o sucesso. A partir dele, é preciso desenvolver a força de vontade, a determinação e a obstinação. Há que agir. Sem ação, o sonho permanece relegado ao lugar de desejo e pode se tornar frustrante. E sonhos não existem para serem abandonados, mas concretizados. Claro, para cada objetivo, cada sonho que se pretende realizar, é necessário também renunciar a alguma coisa. A vida é assim: muitas vezes, para ganhar algo, você precisa abrir mão de outra coisa. E é preciso saber conviver bem com isso. Quando se tem a consciência de que o sonho é realmente um propósito de vida, fazer essas renúncias se torna menos penoso.

Nesse sentido, importa ressaltar que realizar sonhos implica enfrentar dificuldades. Do céu, meus amigos, só cai chuva. De resto, o caminho é um só: correr atrás. As adversidades irão aparecer, inevitavelmente. São parte do processo. A diferença entre as pessoas de sucesso e as sem sucesso é como se portam diante dos obstáculos. Uns enfrentam de cabeça erguida, usando todos os recursos disponíveis para transpô-los; outros esmorecem e se deixam vencer. Estes amargam, além da derrota, o dissabor de ver um sonho se distanciando, muitas vezes para não mais voltar.

Esses são apenas alguns dos temas abordados com muita propriedade por Angelo Vargas neste livro. De forma muito didática, ele traz, além de histórias facilmente relacionáveis, exercícios de reflexão que ajudam a compreender e sedimentar o conhecimento de cada capítulo. Vale a pena, além da leitura ativa, a prática. Em obras como esta, recomendo a leitura ativa, ou seja, aquela que produz frutos. Caro leitor, deguste as próximas páginas sempre refletindo sobre cada mensagem aqui contida. E mais: ponha-se em ação. Porque o conhecimento só ganha validade quando aplicado. De nada adiantará ler todo este livro, sentir-se motivado, e não agir, concorda?

Espero que *Decida viver o extraordinário* resulte em uma mudança profunda e verdadeira em sua vida. Ficam aqui meus votos de sucesso e prosperidade.

Uma boa leitura,

Janguiê Diniz
*Fundador e presidente do Conselho de
Administração do grupo Ser Educacional;
Presidente do Instituto Êxito de Empreendedorismo*

INTRODUÇÃO

O TESOURO ESTÁ MAIS PRÓXIMO DO QUE PARECE

> *"E não sede conformados com este mundo, mas sede transformados pela renovação da vossa mente, para que experimenteis qual é a boa, agradável e perfeita vontade de Deus."*
> *(Romanos 12:2)*

Era outubro de 2021. Estava retornando de uma viagem, quando recebi uma ligação ofegante e triste de minha esposa. Logo notei que ela estava chorando. Aquele tom de voz forte e incisivo, sempre característico dela, foi se tornando trêmulo e calmo. As suspeitas se confirmaram. Minha esposa me disse que nosso bebê havia retornado para o céu; ela tinha acabado de sofrer um aborto retido. Ela estava no quinto mês de gestação e eu sabia muito bem o impacto que esse acontecimento causaria em nossa vida. Na sequência, ela me disse que teria como opções a cesariana ou o parto normal/vaginal para retirar o bebê, pois já estava em fase avançada de gestação. Como viajava de carro, eu ainda demoraria um dia inteiro para chegar em casa, mas decidimos que ela me esperaria para que estivéssemos juntos nesse momento tão transformador.

Quando cheguei em casa, minha filha de 4 anos, Maria Teresa, logo se aproximou e disse: "Papai, a maninha voltou para a casa do

Papai do céu". Naquele instante, percebi a capacidade que as crianças têm de absorver fatos e compreender situações que, para muitos adultos, são incompreensíveis. Como ainda estava desenvolvendo seu emocional, ela ainda não tinha ideia da dimensão daquele fato. Por isso, Maria Teresa não se afundaria em pensamentos que provocam generalização, exclusão ou distorção dos acontecimentos.

Ao chegarmos no hospital, fomos imediatamente realizar os procedimentos médicos iniciais de preparação para o parto normal. Às 3 da manhã, minha esposa se levantou para ir ao banheiro e, logo nos primeiros passos, sentiu fortes contrações. Fui chamar os médicos, mas não deu tempo: a bolsa estourou, ela gritou que iria nascer, retornei para ajudá-la e logo nosso bebê veio ao mundo em minhas mãos. Olhar para aquele bebê lindo me fez ver uma vida interrompida, e experienciar um momento como esse tem o propósito de transformar nossa visão de mundo. Minha esposa e eu agradecemos juntos a oportunidade de ter vivido o nascimento de nossa bebê e fizemos uma oração para ela. Logo os médicos entraram no quarto e realizaram os procedimentos necessários. Dois dias depois, estávamos em casa com nossos filhos, Maria Teresa e Miguel.

Durante os dias que se seguiram, ouvi de várias pessoas que elas não conseguiriam passar por aquilo; outras diziam que não saberiam como reagir ao viver algo semelhante; e algumas indagavam: "Como você teve tanta frieza para passar por um momento como esse?".

Minha esposa e eu adotamos uma postura tão natural que não percebemos essa dor intensa. Claro que houve luto, mas o que tomou conta de nós foi um sentimento de gratidão pela oportunidade de ter vivido aquela situação. A dor da despedida estará sempre presente, mas a alegria de viver é como uma porta aberta para cumprir nossa missão na Terra.

As indagações dos amigos quanto ao ocorrido com nosso bebê me fizeram refletir sobre o poder de nossa mente e, principalmente, a capacidade de produzirmos emoções da maneira que desejamos.

Por que algumas pessoas admiram a maneira como minha esposa e eu compreendemos a vida, mas outras se espantam com a nossa atitude? Por que algumas pessoas se amordaçam em dificuldades e não conseguem criar a vida extraordinária que elas merecem ter e que está disponível para todos? Foi então que percebi que o castelo de pensamentos, medos, rejeições, insatisfações, vitimismo e incompreensões que construímos modelam nossa história e permitem que a ruína domine toda a nossa existência na Terra. A resposta a essas e outras indagações é que o poder de criar uma vida extraordinária está dentro de cada um. A diferença é que há quem se permita acessar esse potencial e quem nem sequer se reconheça como merecedor. A forma como cada um conduz a própria vida fortalecerá ou enfraquecerá essa vontade de viver uma vida extraordinária. Ou seja, sua vida está diretamente ligada a tudo aquilo que você deseja, busca e realiza. Não há sucesso nos lugares em que se planta fracasso, nem há fracasso nos lugares em que se planta esperança. Napoleon Hill tem uma linda frase que diz: "O sucesso vem para quem se torna sensível ao sucesso. O fracasso vem para quem, por indiferença, se permite se tornar sensível ao fracasso".[1]

Ao longo deste livro, convido você a me acompanhar por várias fases da vida. Assim como em um jogo de videogame, enfrentaremos desafios e aventuras para chegar ao nosso destino. Nessa jornada, você entenderá como seu comportamento pode impulsionar sua vida para encontrar respostas há muito tempo procuradas. Percorreremos caminhos, situações e exemplos nos quais você se permitirá fazer, a todo momento, correlações com a própria trajetória e perceberá que tudo de que precisa para solucionar as diversas dificuldades e dúvidas está exatamente naquilo que você se permite viver.

A pressão emocional na qual fui inserido pelo acontecimento com meu bebê poderia ter vindo de qualquer outro fato. Diariamente, somos colocados à prova em situações que nos paralisam ou nos encorajam para gerar uma transformação (ou não).

---

[1] HILL, N. **Pense e enriqueça**. Rio de Janeiro: Sextante, 2019, p. 36.

NÃO HÁ SUCESSO NOS LUGARES EM QUE SE PLANTA FRACASSO, NEM HÁ FRACASSO NOS LUGARES EM QUE SE PLANTA ESPERANÇA.

@OANGELOVARGAS

A dúvida que muitos me trazem é: por que alguns conseguem converter adversidades em oportunidades e outros não? Você encontrará essa resposta ao longo das fases que estão retratadas nas próximas páginas. Mas aqui deixo um *spoiler*: essa resposta é a mesma em qualquer situação. Sim, qualquer uma: a vontade de encerrar uma sociedade pela falta de confiança no sócio; a desilusão profissional pela demissão ou mesmo pela ausência de motivação para ascender em uma empresa; a dúvida em empreender ou permanecer no emprego de mais de dez anos; a ansiedade em decidir se casar, mesmo estando em um relacionamento estável de mais de cinco anos; o receio de fazer uma dívida da casa própria ou investir em outro setor a fim de gerar mais rentabilidade financeira; a persistência em continuar estudando para concursos públicos, mesmo se dedicando há anos; a discussão diária com a esposa; a briga incansável com os filhos; a insatisfação dos resultados físicos e profissionais; a angústia de estar solteiro e não encontrar a pessoa ideal... – a resposta será sempre a mesma, e ela está dentro de você. O que precisamos fazer é encontrá-la.

O que devemos ter claro em nossa mente é que cada pessoa tem um significado diferente para os "problemas". As dimensões que cada um imagina para o que vive são distintas, porque as experiências vividas também são. Isso acontece porque nosso modelo mental constrói ou destrói uma situação, a fim de permitir que nos aproximemos ou nos afastemos de acontecimentos, de acordo com o próprio desejo. A mente tem a capacidade de ditar o ritmo de nossa vida, mas para isso é necessário gerar um diálogo interno correto e assertivo. Ninguém acessa a resposta correta fazendo perguntas evasivas ou vagas. Ninguém terá a resposta que deseja formulando inquietações e medos no lugar de questionamentos reais. O comportamento realizado em prol dos próprios sonhos surge com base no que você diz e sinaliza para sua mente. Afinal, suas atitudes são reflexos daquilo que você pensa e sente, e de como age.

Para entrarmos mais preparados no jogo, proponho aqui um exercício de treinamento. Primeiro, reflita sobre sua vida e imagine o momento mais feliz que já viveu. Ele gerou um grau de satisfação, felicidade e conquista muito significativo para você, certo? Com esse mesmo pensamento, gostaria que percebesse o poder que isso desencadeia em seu corpo só de lembrar esse episódio mágico. Observe-se: está sentindo palpitação no peito, batimento cardíaco mais acelerado, respiração mais ofegante, elevação singela da temperatura corporal e leveza nos músculos do rosto gerando alegria? Esse é seu poder interior para conduzir sua vida.

O efeito condutor que leva você a essa tranquilidade mental é desencadeado pela sequência biológica que ocorre em seu organismo entre pensamento, sentimento, ação e resultado, ou seja, **seu pensamento desencadeia um sentimento que provoca uma ação geradora de resultado**. Esse circuito é imperceptível e automático e tem o poder de levá-lo para o prazer ou para a desilusão.[2] Da mesma maneira que você se sentiu bem com pensamentos felizes, imagine uma pessoa que tem pensamentos negativos, vitimistas e autocríticos. As consequências são sentimentos negativos, que a desencorajam a agir, o que faz essa pessoa caminhar rumo a resultados enfraquecedores.

Agora, avalie como seria se você conduzisse um sentimento fortalecedor e encorajador para acessar o que deseja, realizar seus objetivos tão sonhados. Como seria seu percurso se as ferramentas e as fórmulas utilizadas o tornassem mais leve e trouxessem absoluta clareza de tudo aquilo que você quer?

Ao longo do meu trabalho, percebi que o que causa mais angústia nas pessoas é a falta de clareza daquilo que desejam viver. A maioria sabe o que não quer, mas desconhece o que realmente deseja. Idealizam muitos planos para o que **não** querem e se esquecem de tudo aquilo que efetivamente buscam. Quando seus objetivos se tornam

---

[2] EKER, T. H. **Os segredos da mente milionária**: aprenda a enriquecer mudando seus conceitos sobre o dinheiro e adotando os hábitos das pessoas bem-sucedidas. Rio de Janeiro: Sextante, 2006.

claros e atraentes, sua vida fica muito mais simples, realizável, constante e metrificável.

Imagino que você esteja cheio de dúvidas. Calma! Neste livro, você conseguirá identificar seu objetivo e gerar clareza para qualquer área. Já pensou romper uma inconsciência da vida e traçar um mapa mental de tudo aquilo que você deseja realizar em todas as áreas da prosperidade: emocional, espiritual, financeira, física, social e temporal? Pois é isso que vamos fazer. Para isso, você terá de gerar persistência, constância e dedicação. Terá de alterar comportamentos e adquirir novos hábitos. Afinal, não há resultados diferentes fazendo o que sempre fez.

Os dias são repletos de perguntas que nos afastam ainda mais da clareza que desejamos. Como construir minha independência financeira? Como gerar um relacionamento saudável? Como educar meus filhos? Como empreender corretamente? Como ter paz e prosperidade? Esses questionamentos, iniciados pelo advérbio "como", revelam a falta de clareza presente. E é com a solução desses "como" que os objetivos se tornam viáveis, alcançáveis e possíveis. Explorar o que você verdadeiramente deseja é o caminho para construir sua clareza. Quanto mais desfocado, mais dúvidas e angústias serão geradas.[3,4] E, no meio dessas perguntas, também há maiores desafios; por exemplo, a constante comparação com o outro, mesmo que ele esteja vivendo uma vida totalmente diferente da sua. Com frequência, comparamos nossa grama com a do vizinho. E por quê?

Na verdade, essas posturas são realizadas justamente para assumir uma metrificação do conceito de sucesso. As pessoas têm, erroneamente, a necessidade de comparar para avaliar se estão alcançando os resultados desejados ou não. Muitas vezes, porém, essa busca pelo sucesso estabelece parâmetros equivocados que sabotam

---

[3] MCKEOWN, G. **Essencialismo**: a disciplinada busca por menos. Rio de Janeiro: Sextante, 2015.

[4] KELLER, G.; PAPASAN, J. **A única coisa**: a verdade surpreendentemente simples por trás de resultados extraordinários. Rio de Janeiro: Sextante, 2021.

nossa própria capacidade de produção. Ficamos enfeitiçados para alcançar os resultados já atingidos por outra pessoa, enquanto poderíamos ir muito mais longe se tivéssemos nossa capacidade estimulada por nós mesmos.

Nossos resultados são medidos pelo grau de esforço que geramos em cada atividade. Enquanto alguns pensam que estão sendo incentivados a alcançar algum lugar no pódio, o que está ocorrendo é um elemento aniquilador de sua potencialidade de produção. Isso significa que a base de comparação pode prejudicar os resultados que cada um tem maturidade para alcançar. Nunca há limite para seu desempenho, pois, quando se ultrapassa o limite, descobre-se que você é muito mais forte do que imaginava. Essa linha limitante só existe em sua mente. Só há limite até você descobrir que é capaz de ir além. Há uma bela frase, atribuída a J. Willard Marriott, que descreve isso: "a boa madeira não cresce com sossego, quanto mais forte o vento, mais fortes as árvores".

A vida é como um jogo de fases, cuja vitória depende do grau de esforço e empenho gerado por si para vencer cada desafio. Se sua perseverança em viver aquilo que deseja for muito pequena, não haverá acesso à nova fase da vida. Somos escravizados em nossas vontades por culpa própria. Somente você tem a capacidade de se libertar para viver aquilo que deseja experimentar. A comparação entre resultados de pessoas diferentes é uma forma de gerar estímulos, mas não deve ser a principal. Ou seja, quanto mais você for incentivado a produzir resultados diversos ou até então impossíveis, mais perceberá um rompimento de padrão de normalidade. Resultados diferentes serão conquistados por meio de comportamentos diferentes.

Há o exemplo da aluna que dormiu na aula de Matemática e só acordou quando a aula já tinha encerrado – não havia ninguém na sala, somente dois exercícios na lousa. Assustada, ela anotou rapidamente as atividades e foi para casa. Esforçou-se a semana toda para concluir a tarefa e conseguiu finalizar apenas um dos exercícios; na aula seguinte, avisou o professor, desconsolada, acerca do ocorrido.

A VIDA É COMO UM JOGO DE FASES, CUJA VITÓRIA DEPENDE DO GRAU DE ESFORÇO E EMPENHO GERADO POR SI PARA VENCER CADA DESAFIO.

@OANGELOVARGAS

Quando o professor percebeu o feito, ficou admirado, pois aqueles eram os dois exercícios da última Jornada de Matemática que ninguém havia conseguido finalizar. A aluna conseguiu o "impossível", simplesmente porque não tomou conhecimento do que se passava com todos e se dedicou a cumprir a tarefa. Ela sincronizou a vontade com a possibilidade de conquista daquilo que desejava, deixando de lado o que os outros pensavam ou esperavam.

A crença de incapacidade não foi absorvida pela mente dela. Ela não se permitiu usar as lentes sujas que a impossibilitavam de visualizar inovação. Qualquer som ou ruído de incapacitação foi diminuído ao máximo para que nada prejudicasse seu desempenho. Esses ruídos são a comunicação interna gerada entre nós mesmos em tudo o que fazemos, a fim de ignorar qualquer possível barreira para atingirmos os resultados. É nesse ponto que reside o grande segredo de qualquer sucesso: **Você é a construção da voz que há dentro de você**. E essa voz muda sua fisiologia e, consequentemente, sua atitude.

Ao estudar grandes personalidades mundiais, como Steve Jobs,[5] Elon Musk,[6] Bill Gates[7] e diversos outros multibilionários no mundo dos negócios deste século, percebi que o modelo mental que eles usam para rodar a própria engrenagem dos negócios é muito simples. Eles têm como matriz mental o simples, o fácil e o disruptivo, não permitindo que a mente construa dificuldade onde há solução. Para eles, tudo tem solução, pois não se permitem aniquilar ou subestimar o poder do pensamento.

Essa fórmula de pensamento constrói um poder de controle mental para correr riscos e enxergar caminhos que outras pessoas jamais pensaram, que possivelmente não tiveram a coragem para iniciar ou que desistiram de trilhar ao longo do percurso. A potencialidade está

---

[5] ISAACSON, W. **Steve Jobs**. Rio de Janeiro: Intrínseca, 2022.

[6] VANCE, A. **Elon Musk:** como o CEO bilionário da SpaceX e da Tesla está moldando nosso futuro. Rio de Janeiro: Intrínseca, 2015.

[7] THIEL, P.; MASTERS, B. **De zero a um:** o que aprender sobre empreendedorismo com o Vale do Silício. São Paulo: Objetiva, 2014.

na capacidade de extrair de sua mente toda a riqueza que há dentro dela. Nosso cérebro é como uma grande máquina que possui recursos que devem ser instalados, calibrados, implementados, alavancados, metrificados e, de tempos em tempos, atualizados. Se acertar a equação de pensamento da mente, você se tornará imparável.

A CORRIDA PELO OURO E O CAMINHO PARA O SUCESSO

"Aquele que confia nas suas riquezas cairá, mas os justos florescerão como um galho."
(Provérbios 11.28)

Na década de 1930, ocorreu nos Estados Unidos a chamada "Corrida do ouro", período em que as pessoas se deslocaram para o oeste para garimpar ouro e construir riquezas financeiras. A família Darby foi um desses grupos que obtiveram licença para a exploração das terras. Após semanas de esforços, localizaram o minério e todos ficaram eufóricos, renovando as expectativas para uma abundância financeira jamais imaginada. Contudo, quando a exploração se intensificou, descobriram que a faixa de ouro tinha se esgotado. Até insistiram; porém, sem sucesso. Então, resolveram desistir. As máquinas foram todas vendidas e as pessoas retornaram para suas casas.[8]

Mas há sempre oportunidades em toda adversidade. Um dos sucateiros que adquiriram o maquinário contratou um engenheiro de mineração para avaliar a possibilidade de aquela mina extrair ainda alguma quantidade de ouro. O que ninguém esperava estava descrito no laudo do engenheiro: outra faixa de ouro estava a menos de 1 metro do local em que a família Darby encerrou a operação.

---

[8] HILL, N., *op. cit.*, p. 30.

Essa história reproduz o que as grandes conquistas da história materializaram no sentimento de atitude, clareza e perseverança. As pessoas que atingiram resultados impressionantes foram movidas pela paixão em atingir determinado objetivo. Há uma vontade incontrolável de conquistar aquilo que o coração diz ser possível. Queriam atingir a própria meta e alcançar a prosperidade, independentemente das descobertas alheias.

"Certo, Angelo, tudo isso é incrível, mas onde está o segredo dessa prosperidade toda?" Prosperidade significa o empilhamento de resultados positivos que desencadeia a percepção de um valoroso e cativante sentimento de conquista. O volume de resultados positivos certifica uma postura vitoriosa e identifica alguém como referencial naquele segmento. Há uma justificativa biológica para isso, ou seja, quanto mais resultado é produzido, mais ocorre a liberação de dopamina no organismo – o hormônio do prazer, da conquista e do reconhecimento pessoal. Essa descarga de prazer provoca a vontade de produzir mais, de motivar mais e de acreditar mais; consequentemente, há mais resultados e mais liberação de dopamina. Esse é o ciclo da conquista que se alicerça na vida das pessoas prósperas. É por isso que muitos dizem: "parece que tudo dá certo para aquela pessoa".

As histórias de grandes personalidades – como sr. Honda (que conheceremos nas próximas páginas), Albert Einstein, Mahatma Gandhi, Henry Ford, John D. Rockefeller, Thomas Edison, Alexander Graham Bell, Steven Spielberg, Serena e Vênus Williams, Michael Jordan, Jorge Paulo Lemann ou Ayrton Senna – têm algo em comum: representam ciclos de conquistas guiados pela vontade incansável e perene de atingir um sonho. E essa vontade funciona quando está alinhada à renúncia de diversos outros fatores que também podem ser importantes. Afinal, como já dizia o cantor Chorão, "cada escolha, uma renúncia".[9]

---

[9] LUTAR pelo que é meu. Intérprete: Chorão (Charlie Brown Jr.). *In*: TRANSPIRAÇÃO contínua prolongada. São Paulo: EMI Brazil, 1997.

Dentro de si, de seu encorajamento próprio, de sua coragem e persistência, é fundamental trabalhar o poder da decisão para definir diariamente o que deve ser afastado ou aproximado. A vida é composta de um mar de decisões que norteiam toda a sua prosperidade. Sua escala de valores de coisas a serem deixadas no passado e outras que servirão de combustível para suas conquistas será fundamental para justificar sua motivação pela vida. Tudo isso de que falamos até aqui forma um círculo que se retroalimenta e que, quando em funcionamento, gera a verdadeira prosperidade.

Então, o que você está esperando para se permitir acessar a prosperidade que há dentro de si? O agora é sempre o momento adequado. Você deve pensar sempre que a vida é como um jogo cheio de fases. Cada pessoa pode evoluir ou regredir, a depender dos caminhos e das decisões escolhidas. Você se lembra dos jogos – seja de videogame, seja de tabuleiro – que o permitiam avançar quando já tinha dominado a fase atual ou que o impediam de seguir quando não desempenhava adequadamente? Bom, a vida também é assim: todos desejam avançar, superar limites e conquistar novas fases de prosperidade, mas decisões erradas podem nos fazer recuar. Portanto, este é um jogo sem fim (ainda bem) e extremamente valioso, no qual você deve estar sempre ativado para avançar em uma nova conquista emocional, espiritual, física, financeira e social.

No decorrer dos próximos capítulos, percorreremos um longo caminho. A cada vitória na fase atual, avançaremos para a próxima até chegarmos ao ápice do nosso jogo da vida. Com certeza teremos altos e baixos, momentos de dificuldade e de realização, mas o importante é não desistir, pois o ouro está logo ali, basta que tenhamos vontade de alcançá-lo.

AS REGRAS DO JOGO

"Quem é fiel no pouco, também é fiel no muito; e
quem é injusto no pouco, também é injusto no muito."
(Lucas 16·10)

Avançar de fase não significa que estamos plenamente preparados, mas que estamos habilitados para viver uma nova jornada. É por isso que, às vezes, recuamos em determinadas oportunidades, para que nosso repertório seja aprimorado para enfrentarmos novamente os desafios. Afinal, não se pode dar uma cachoeira de informação para quem está preparado para receber somente um copo. Cada fase é alimentada com informações, conhecimentos e sabedorias necessárias para avançarmos. Nenhum caminho é linear e nenhuma história é igual a outra, mas há técnicas e ferramentas que habilitam e capacitam você a desbravar a própria jornada. Juntos geraremos clareza daquilo que você deseja viver.

Nessa gamificação da vida, você precisará se despir de crenças e barreiras enraizadas dentro de si que o prejudicam e que, até então, você desconhecia. Eu sei que parece difícil e até um pouco incômodo – e é mesmo –, mas as maiores aventuras são aquelas que exigem mais de nós, concorda? Os melhores caminhos são pela perseverança e pela persistência. O que nos mantém vivos são os altos e baixos, os obstáculos que precisamos enfrentar e as vitórias que levamos para a vida. Algumas verdades serão reveladas, e o que determina o sabor da conquista é o desafio de superação. E em cada conquista vamos comemorar os microrresultados diários. Não tem mais essa de esperar "chegar lá" para comemorar, o que gera frustração a todo momento. Vamos curtir cada passo dessa aventura a caminho do "chegar lá".

Ao iniciar esse game, vamos explorar seis fases da consciência de vida: **identificação**, **descoberta**, **coragem**, **superação**, **resiliência** e **conquista**. Nessas fases, você descobrirá que em cada uma delas há ignorância, descoberta, superação, encorajamento, resiliência e conquistas. Você encontrará ferramentas, referências e inspirações de pessoas que passaram por essa jornada e que o incentivarão a chegar até o fim do jogo.

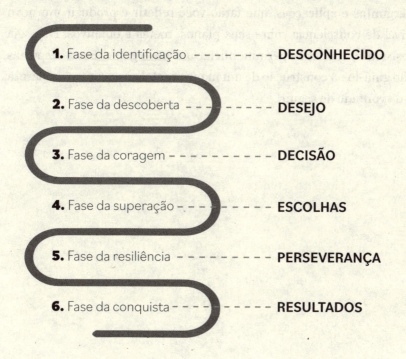

Uma das novidades deste livro é que, se você entender que já domina determinada fase, pode pular para a próxima. É um verdadeiro jogo. Na vida, somos desafiados diariamente e, quando fazemos algo que já está completamente dominado, essa atividade se torna enfadonha e tediosa. Aqui seguiremos essa mesma fórmula para acelerar seus resultados. Evidente que o contrário também funciona: se ao longo da caminhada você descobrir que precisava melhorar muitas coisas pelas quais já passou, é o momento de voltar para o capítulo anterior, reler, refletir novamente e trabalhar aquele ponto até que esteja enraizado em sua mente.

Os heróis do videogame não ficam parados somente ouvindo as instruções, certo? Então, vamos começar a prática.

Você encontrará durante a leitura os **jogos da vida**. São ferramentas utilizadas na programação neurolinguística, por meio de perguntas e aplicações, que farão você refletir e produzir um novo nível de consciência sobre seus planos, metas e objetivos. Não seja resistente, apenas se permita iniciar um novo game. Essas respostas vão guiá-lo na construção de um mapa mental ao encontro da clareza e da vontade de seguir.

APLICAÇÃO
Jogo da vida

Qual é a decisão que, se você tomasse hoje, impactaria grandemente sua vida e traria realização e satisfação muito intensas?

_____

_____

_____

_____

Como você se sentiria ao imaginar essa realização acontecendo?

_____

_____

_____

_____

O que você seria capaz de fazer para essa situação ocorrer?

_____

_____

_____

_____

O que você renunciaria para obter isso que deseja?

_____

_____

_____

_____

_____

Imagine que a vida é um jogo dividido em várias fases, em que você poderia avançar, recuar ou ficar paralisado até a fase final. Como você se comportaria? Recuaria sempre; se manteria na mesma fase por comodismo e conforto; ou se desafiaria a avançar cada dia mais, gerando desconforto e competição interna?

_____

_____

_____

_____

Se tivesse uma carta coringa no jogo da vida, você a usaria imediatamente ou a reteria para usar ao final do jogo? Você seria refém dessa carta coringa por medo de usá-la?

A busca pelo prazer imediato pode provocar mudanças instantâneas em sua vida, porém, com resultados singelos e passageiros. Esses são os verdadeiros atalhos traiçoeiros, que veremos adiante. Jogue as cartas da vida com sabedoria.

_____

_____

_____

Apodere-se de um sentimento de realização e faça o compromisso pessoal para atingir sua conquista. Vire a página e vamos em busca da prosperidade. Em alguns momentos, será mais difícil do que em outros, mas cada desafio servirá de alavanca para sua história.

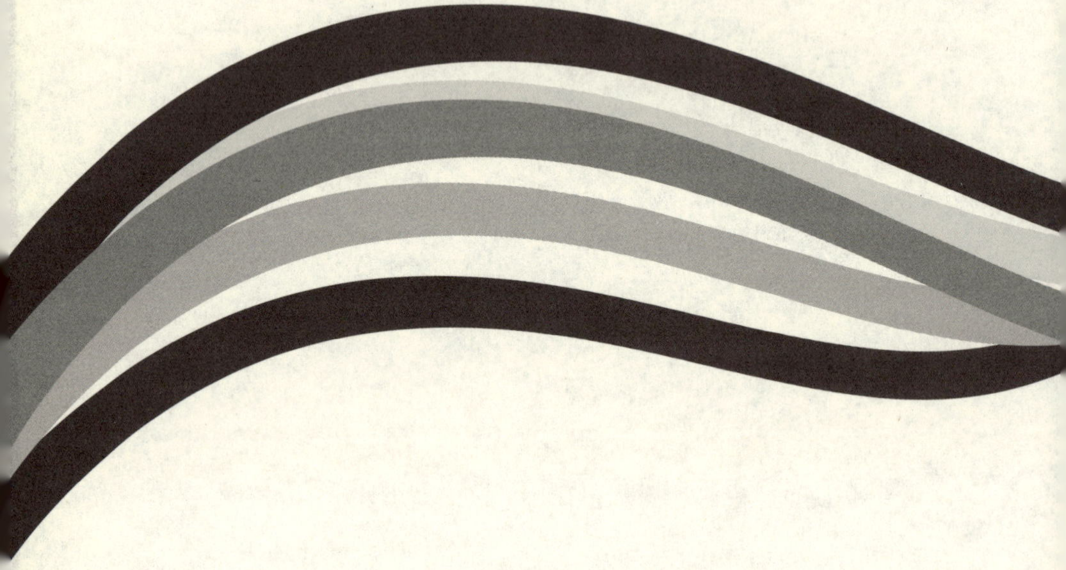

CAPÍTULO 1

QUANDO O INESPERADO ACONTECE

*"Porque a nossa leve aflição, a qual
é momentânea, opera por nós um
extraordinário peso eterno de glória."*
(2 Coríntios 4.17)

Dia 11 de setembro de 2001, às 11h35. Aline[10] estava negociando com um cliente no restaurante do prédio em que trabalhava e notou que algumas cláusulas deveriam ser alteradas para finalizar a assinatura e concluir o contrato em questão. Imediatamente, resolveu descer para seu escritório no 9º andar a fim de refazer as cláusulas e imprimir uma nova via para assinatura. Quando estava no elevador, sentiu um forte impacto e escutou um barulho bem alto. Em seguida, o elevador parou e, com dificuldade, a porta se entreabriu. Estava entre dois andares. Todos no elevador resolveram sair, apesar da dificuldade causada pela pequena abertura da porta. Gritos ficavam cada vez mais altos e um cheiro de querosene surgiu no ar. O estado de pânico foi tomando conta do ambiente, e a única informação re-

---

[10] Para preservar a privacidade dos participantes, todos os nomes foram alterados.

cebida naquele momento era de que o prédio tinha sido atingido por um avião e todos deveriam sair do local imediatamente.

Optaram por descer pela escada de incêndio mais próxima. Enquanto corriam, encontravam pessoas caídas, vários indivíduos desorientados e muitos sem saber o caminho para sair do edifício. Aline ajudou diversas pessoas, mas recebeu a informação de que também deveria sair do prédio o mais rápido possível. Ao chegar no saguão, percebeu a realidade do que estava vivendo: muita gente correndo para se distanciar cada vez mais do local, pois tudo desabaria. Quando já estava na rua, ela sentiu uma grande pressão nas costas e perdeu a consciência por algum tempo. Ao acordar, Aline notou que estava tudo escuro e tinha muito pó a sua volta. Ela sentia dificuldade para respirar, mas ouvia vozes de pessoas procurando por alguém em meio àquela escuridão. Foi aí que Aline teve a certeza de que estava a poucos minutos de iniciar uma nova vida. O noticiário comunicava ao mundo que as torres gêmeas do World Trade Center, em Nova York, haviam sido alvos de um ataque terrorista.

A vida é uma ciranda de acontecimentos que modelam quem nos tornamos. Assim como Aline passou por essa experiência que trouxe traumas e transformações, você deve ter diversos relatos pessoais que evidenciam tragédias, medos ou abusos. Momentos que cicatrizaram sua alma e o impediram de reiniciar a vida. Aposto que as lembranças do que passou provocaram marcas permanentes em sua mente a ponto de você não conseguir se desconectar daquelas cenas. É como se quisesse sintonizar sua vida em outro canal, mas o controle remoto simplesmente não funcionasse. Diversos pedidos de socorro são feitos, mas ninguém os escuta. É como se sua voz fosse baixa, impedindo as pessoas de a escutarem. E, de tempos em tempos, todas essas cenas são reprisadas diante de seus olhos, trazendo à tona aqueles momentos dos quais jamais gostaria de lembrar.

Algumas pessoas conseguem dar um novo significado a esses episódios. Elas fazem com que tudo isso fique no passado e começam a levar uma vida nova, usando os fatos apenas como experiências.

É como se fosse um filme e, quando ele acaba, as luzes do cinema se acendem. Então é o momento de mudar de ambiente, deixar aquelas emoções na sala e se levantar para um novo dia. Esse poder de reconstrução é extraordinário e brilhante, mas não é comum.

Escuto diversos relatos de pessoas em imersões, terapias e congressos dos quais participo. São pedidos de socorro a uma dificuldade para a qual não conseguiram uma solução individual. É como se esses indivíduos estivessem lutando contra algo que não conseguem ver e cuja saída não vislumbram. As histórias vão das mais simples até as mais complexas, mas cada uma tem a própria relevância para quem a viveu.

Na vida, temos a oportunidade de tomar todas as decisões que desejamos. E mesmo quando optamos por "não decidir", decidido já está, pois algum caminho vamos percorrer, de um jeito ou de outro. Decisões equivocadas alienam as pessoas em um mapa mental de negatividade, culpa e frustração, desencorajando-as a se libertar do cenário que criaram. Ignoram que tudo se trata de fases e perpetuam a adversidade como "a regra da vida". Ficam presas em ciclos de sofrimento que podem muito bem ser deixados para trás. Assim, de modo inconsciente, algumas pessoas entram diariamente nesse ciclo que apenas revela mais problemas, mais decisões ruins e mais dor. Parece que tudo está a um passo do abismo.

São abusos físicos e emocionais sofridos na infância; brigas incansáveis e intermináveis com os pais ou filhos; pedidos de perdão que ficaram calados na garganta; sentimento de fracasso pela falência da empresa que assola todos os outros negócios; casamento que se desfez por falta de respeito, confiança e cumplicidade; relacionamento amoroso interrompido pela traição; perda prematura do filho em um acidente; aborto espontâneo que impede a mente de construir o desejo de ser mãe novamente; doença terminal que coloca em dúvida a fé e gera um sentimento de culpa; não aceitação da infância vivida ou da rejeição que sofreu dos pais; culpa por algo que deixou de fazer ou que tenha feito e prejudicado outras pessoas; confusão

NA VIDA, TEMOS
A OPORTUNIDADE
DE TOMAR TODAS
AS DECISÕES
QUE DESEJAMOS.
E MESMO QUANDO
OPTAMOS POR
"NÃO DECIDIR",
DECIDIDO JÁ
ESTÁ, POIS ALGUM
CAMINHO VAMOS
PERCORRER,
DE UM JEITO
OU DE OUTRO.

@OANGELOVARGAS

financeira que não acaba com as dívidas, mesmo gerando receita recorrente e mensal; ausência de proatividade pela crença da incapacidade; dificuldade em se aceitar da maneira que é, construindo um prejuízo do modo como se vê e se sente. São incontáveis exemplos vividos por todas as pessoas, em graus e realidades diferentes.

O relato desses momentos é como um deserto solitário, cujo caminho foi bloqueado há muitos anos. No começo, a vontade é que esse deserto permaneça vazio, para que estejamos sempre sozinhos e calados. Mas, com o passar do tempo, a sensação é de que ficamos esquecidos e não somos mais importantes para nenhuma das pessoas que temos a nossa volta. Nosso comportamento acaba por confirmar tudo aquilo que desejávamos, ou seja, queríamos ficar sozinhos e essa vontade foi atendida, mas o sentimento gerado é muito pesado e depreciativo, pois sentimos ainda mais solidão. E assim o deserto fica cada vez maior, mais arenoso, mais sem vida.

Podemos pensar que esse sentimento é como um leve vazamento que, inicialmente, não teve a atenção adequada, até aumentar cada vez mais a vazão da água. Se não fizermos a gestão dos recursos disponíveis, deixamos que todas as possibilidades sejam ignoradas, pois nossa atenção está em outras circunstâncias, vivendo "realidades" que não existem de verdade, pesadelos dos quais não acordamos, desilusões frequentes que evoluem para doenças físicas e mentais, como depressão e estado crônico de comportamento.

E sabe o que interrompe todo esse círculo de fracasso? O **poder de reação** que devemos ter ao iniciar um processo de degradação pessoal. Entretanto, essa conscientização é muita cara e difícil quando estamos imersos em um circuito depreciativo, lutando contra nossos pensamentos e emoções. No meio do deserto ou da vazão de água, há pouco entendimento. Temos de buscar fôlego em algum lugar para não viver essa corrosão emocional cada vez maior. E a resposta para isso está no **poder que nossa mente tem de construir aquilo que desejamos**.

Você já deve ter vivido momentos em que quis conversar muito com determinada pessoa. Parecia que vocês se conheciam havia muitos anos, tudo fazia sentido na conversa e cada vez mais encontravam pontos em comum entre vocês. Sentia sempre vontade de estarem juntos. Ou, então, experimentou uma refeição de determinado restaurante e a sensação era de que gostaria de comer esse mesmo alimento muitas outras vezes. Pode também ter participado de uma discussão com seu chefe ou com alguém no trânsito e, depois, remoído várias coisas que queria ter dito, mas que não lembrou no momento. E, cada vez que relembrava, sentia a mesma raiva e dor do momento real.

Sei que os episódios relatados no parágrafo anterior têm conotações diferentes, cada um em determinado contexto. Isso foi intencional para mostrar a você que nosso cérebro tem a capacidade de criar realidades próprias. Seja em acontecimentos bons, seja em situações ruins, nós temos a habilidade de recriar cenários em nossa mente. O cérebro é formado por circuitos interligados que buscam cada vez mais informação. Mas, mesmo na abundância de conhecimento, o órgão só utiliza o que tem relevância e coerência para o que está sendo vivenciado. Ele relaciona fatos que são coerentes e relevantes com outros episódios que desejamos viver cada vez mais.

É como se nossa mente estivesse a todo momento coletando dados de toda informação que é apresentada para ela por meio de nossos canais receptivos (visual, auditivo, cinestésico, olfativo e paladar) e fazendo a filtragem do que levará em consideração e do que será desconsiderado, para então formatar nossa percepção e realidade de mundo.[11]

A cena da conversa amistosa com o amigo revelou sincronicidade de assunto e desejo de conversar ainda mais, demonstrando que sua mente localizou algum fator de similaridade em algo que você já tenha vivido e foi muito prazeroso. Ou, então, que a pessoa tinha alguma característica de alguém que você admira, e sua mente inconsciente captou essa conexão, sem seu consciente perceber; por isso, seu desejo de querer conviver cada vez mais com ela. O mesmo

---

[11] COLLINS, S. **Neurociência para coaches e palestrantes**: estratégias para potencializar a aprendizagem. Rio de Janeiro: Ubook, 2020.

podemos dizer em relação ao alimento no restaurante: uma boa comida pode trazer memórias afetivas ou temperar situações futuras que desejamos experienciar.

Já o episódio da conversa com o chefe ou a discussão no trânsito gerou um bloqueio de diálogo sobre algo que você gostaria de dizer, mas não disse. Isso significa que sua mente não interpretou o encerramento daquele debate e quis rememorar insistentemente a discussão. Você ficou, por dias, meses ou anos, paralisado mentalmente naquela discussão sem conseguir encerrá-la. Viver permanentemente nesse momento pode evoluir para insatisfação, depressão ou até surto de raiva.[12] Enquanto não fizer o encerramento dessa discussão em sua mente, não haverá tranquilidade emocional e mental. Só que, em vez de reprisar esse filme incessantemente, você pode criar um novo final, trazendo o encerramento ou a despedida de que tanto precisa. Sua mente não faz distinção entre o que é imaginário e o que é real. Tudo se resume a acontecimentos mentais.

A mente produz a realidade que deseja com base nas informações que possui. Por isso, o que você vive, fala e faz tem muita relevância em suas ações e, principalmente, suas decisões. Parece um pouco confuso? Então, veja outro exemplo interessante e que provavelmente já aconteceu com você ou com algum conhecido. Alguém liga para você e diz que precisa lhe contar uma notícia ruim. Logo, você imagina que ele bateu o carro, foi demitido do emprego ou algum parente em comum faleceu, mas, no final, ele diz que não conseguirá comparecer ao jantar que vocês marcaram. Você antecipou uma resposta ou história que a pessoa lhe contaria e sofreu com ela. Fazemos isso ao longo de toda a vida, com diferentes intensidades.

O dia a dia é repleto de alucinações. Construímos cenas que não ocorreram, ignoramos informações que foram ditas ou generalizamos situações como se fossem uma normalidade, quando, na

---

[12] BANDLER, R. **Usando sua mente**: as coisas que você não sabe que não sabe. São Paulo: Summus, 1987.

verdade, não são. Ao permitir esses cenários, podemos construir um repositório de informações que tem o poder de cada vez mais prejudicar tudo aquilo que desejamos viver. Isso porque todas as tragédias, traumas ou medos pelos quais passamos produziram algum registro mental. Portanto, isso será considerado sempre que vivermos algo tão intenso quanto a cena em questão. É como se nossa mente nos dissesse que já conhece algo similar e localizasse isso em nosso repositório de informações mental. Se já recebemos a ligação de um amigo contando um acidente, por exemplo, talvez voltemos para esse momento a cada nova chamada, mesmo que seja apenas o cancelamento de um jantar. Assim, sentimos a mesma emoção em cenas distintas, justamente porque o impacto e a similaridade foram tão intensos e parecidos que as emoções foram semelhantes. Esse registro mental tem a capacidade de provocar reações similares em situações diversas.

O mais impressionante é que a mente deseja viver tudo aquilo que é coerente e relevante naquele momento, seja isso bom ou ruim. No entanto, ela não faz distinção entre o que você imaginou e realmente viveu. Para o cérebro, o comando mental é o mesmo. Quanto maior a clareza na imaginação, maior a tendência de o cérebro a reconhecer como real. Em outras palavras: se você está sintonizado em algo negativo e pensando reiteradamente naquilo, sua mente captará aquela informação como algo importante e mostrará toda informação correlacionada àquilo.

Se você pensa muito em determinado assunto que lhe traz tristeza, a mente também interpreta isso como algo relevante e coerente. Assim, haverá uma sincronicidade de tema e você buscará mais sobre a questão e passará a pensar nela com maior intensidade. Sua mente ficará absorvida naquele cenário, focando somente o tal assunto.

Há um caso conhecido como Esquema Ponzi, que retrata a maior pirâmide financeira de Wall Street. Nele, Bernie Madoff construiu um escândalo de corrupção e gerou um efeito deletério em toda a família. Seu filho, Mark Madoff, ao descobrir como o pai operava no mercado de ações, ficou completamente indignado e rejeitou a conduta do patriarca. Como consequência disso, ele, que também trabalhava nas empresas, demitiu-se, retomou a vida em isolamento diante da reprovação social da mídia e começou a acompanhar tudo pelos noticiários. A intensidade diária com que assistia às notícias sobre o assunto o fez ficar cada vez mais imerso no problema, desencadeando um estado de paranoia tão intensa que Mark não conseguia sair na rua, tendo iniciado um processo de alucinação que o levou ao suicídio.[13]

Esse episódio reforça o que conversamos: nossa mente tem a capacidade de construir tudo aquilo que desejamos com base em nossas decisões. Mark Madoff, de maneira inconsciente, permitiu que sua mente fosse absorvida por um cenário destruidor de sua essência. Ele autorizou que seus pensamentos acessassem um abismo sem saída. Ele acabou ignorando a própria família, porque não vislumbrou outra solução mais viável. Assim como Mark, existem outras pessoas que apostam no jogo da vida de maneira inconsciente, sem perceber que as ferramentas disponíveis são múltiplas e devem ser utilizadas corretamente.

Como dito no início deste capítulo, Aline viveu uma das experiências mais traumáticas de sua história. Mas, quando abriu os olhos, percebeu que a vida concedeu outra oportunidade para ela viver o que ainda não tinha vivido. Claro que ela poderia ter optado por outro caminho, condenada ao trauma daquela cena pelo restante de seus dias, revivendo cada minuto de pânico e repetindo o sentimento diariamente, mas ela optou por produzir uma vida ainda melhor.

Há uma frase conhecida que diz: "Tudo aquilo que você foca se expande". E, nesse caso, a sintaxe mental produzida em nós retrata muito bem o que desejamos viver, seja algo bom, seja algo ruim. Os algoritmos da internet foram inspirados no cérebro, que busca cada

---

[13] O Esquema Ponzi foi reproduzido no filme *O mago das mentiras*, de Barry Levinson (2017).

vez mais aquilo que pesquisamos, pensamos e desejamos. É comum ouvir a seguinte frase: "ontem pesquisei um produto na internet e agora só aparece propaganda desse produto para mim quando acesso a rede". Algoritmo é isso: ele interpreta que, se você está procurando tal produto, ele tem relevância para você, então a internet vai lhe mostrar cada vez mais aquilo, reforçando essa relevância. Acredite ou não, a mente funciona da mesma forma. Ela não tem capacidade de "rodar sozinha", ela precisa de comandos. Então, com base em todas as informações geradas, ela trabalhará com esses dados e configurará sua vida de acordo com os parâmetros ofertados.[14]

Pode parecer um pouco assustador, mas pense no poder que você tem em mãos: isso significa que você dita os caminhos e o ritmo de seu pensamento e de sua ação; afinal, a mente é alimentada por aquilo que faz sentido para você. Nesse ponto, o ambiente em que você vive, as pessoas com quem convive e os desafios que aceita determinam muito quem você deseja se tornar.

O CAMINHO TRAÇADO POR NOSSAS DECISÕES

"Como na água a face corresponde à face, assim
também, o coração do homem ao homem."
(Provérbios 27.19)

Viktor Frankl, psiquiatra e professor de Psicologia, relata um dos casos mais traumáticos já vividos: o do ex-prisioneiro 110.104 do campo de concentração de Auschwitz, durante o regime nazista. Frankl foi

---

[14] HARARI, Y. N. **Homo Deus**: uma breve história do amanhã. São Paulo: Companhia das Letras, 2016.

o próprio prisioneiro e conta sua história. Na maior parte do tempo, ele trabalhava em escavações e na construção de ferrovias, tendo de escavar sozinho um túnel por baixo de uma estrada para a colocação de canos d'água. Por esse serviço, ele recebeu os chamados "cupons--prêmios", próximo ao Natal de 1944. Cada um desses cupons era trocado por seis cigarros, os quais correspondiam a seis sopas, que garantiram a salvação de sua vida. Ele relata que, quando algum colega começava a fumar seus poucos cigarros, já sabiam que a pessoa havia perdido a esperança.[15] Frankl descreve as diversas situações que viveu, como a recepção, a seleção, a desinfecção, a existência nua e crua e a própria vida no campo de concentração. A apatia, a insensibilidade emocional e a indiferença tomaram conta dele de maneira tão brutal que jamais imaginou que o ser humano fosse capaz de viver aquilo.

Nossas decisões têm a capacidade de enterrar por completo a esperança de uma vida mais digna e feliz, sem as amarras de um passado amaldiçoado e de um constante pesadelo. Por outro lado, elas podem produzir energia suficiente para construir uma vida extraordinária, repleta de abundância e prosperidade de tudo aquilo que se deseja viver. Reconheço que há momentos em que as portas não se abrem, nem mesmo escutamos sinais de resgate. Mas, nos melhores momentos de sua vida, os sinais terão de ser ouvidos de dentro para fora. É seu Eu que terá de fazer a própria libertação, assim como foi com Viktor Frankl, com Aline e até mesmo com José do Egito ao perdoar toda a sua família.

José do Egito (Gêneses 37) era o filho preferido de Jacó, de uma linhagem de onze irmãos; diante da predileção, seus irmãos decidiram matá-lo. Entretanto, seu irmão mais velho não aceitou essa sentença e, após o espancarem brutalmente, venderam-no para uma comitiva que passava no local. Essa comitiva o repassou para Potifar, o oficial de faraó. Em razão da sagacidade nos trabalhos prestados, José logo

---

[15] FRANKL, V. **Em busca de sentido**. Petrópolis: Vozes, 2022.

começou a trabalhar no palácio, despertando o interesse da esposa de Potifar. Quando José a rejeitou, ela o acusou de abuso. Consequentemente, ele foi preso, ficou detido por treze anos e governou na prisão, interpretando os sonhos de todos que lá estavam.

Um dia, José foi chamado para interpretar os sonhos de Potifar, pois até então ninguém havia conseguido. Ele revelou que haveria sete anos de abundância e sete anos de miséria. Em razão disso, foi nomeado governador do Egito, responsável por administrar todos os armazéns. Quando a fome atingiu a região, os irmãos de José foram buscar alimentos, sem saber que José estava vivo. E, quando menos se esperava, eles encontram José, que os perdoou, concedendo-lhes abrigo e comida.

Na vida, podemos transformar desgraças em maldição ou converter lágrimas em perdão. José do Egito optou pela última opção, assim como Viktor Frankl, Aline e diversos outros guerreiros que sentiram na pele o que é viver uma tragédia e uma miséria humana. Você e eu temos o mesmo poder de decisão e de fazer tudo aquilo que desejamos em nossa vida. Podemos optar pelo abismo, pelo deserto ou pela mansidão.

São relatos como esses que me fazem ter certeza de que a vida é um jogo. Em cada fase, vence quem tem vontade e compromisso consigo. Ninguém supera uma dificuldade por outra pessoa, somente para si. Cada um constrói sua cicatriz. Cada um cura a própria ferida.

Sem compreender isso, algumas pessoas utilizam alegações de que se sentem adormecidas, sem clareza de objetivos e sem perspectivas para a vida; e afirmam que outros evoluem no trabalho, na família, no amor, na abundância financeira, na espiritualidade, mas elas permanecem no mesmo lugar há muitos anos. É como se o jogo da vida delas estivesse paralisado, revivendo a mesma fase diversas vezes. São indivíduos que sentem a vida passando sem conseguir focar a saúde, a família, o bem-estar e o desenvolvimento da carreira. Deixam que o ciclo da negatividade desidrate qualquer oportunidade que surge.

O mais impressionante da vida é que ela é cíclica e de renovação diária, formada de fases, permitindo que cada uma inaugure um novo momento a qualquer instante. A superação de problemas, dificuldades ou dores não precisa ser tão dolorosa e intensa como muitos desejam. Basta percorrermos os caminhos adequados para construir essa ponte para a felicidade. E, para isso, precisamos nos encontrar, nos entender, nos permitir e nos guiar. Então, vamos lá?

APLICAÇÃO
Jogo da vida

Você está pronto para começar sua jornada. Para isso, é preciso ter certeza de que está comprometido com a transformação que virá.

Agora, feche os olhos e deixe que sua mente corra solta. Deixe que venham à cabeça lembranças boas e ruins, momentos que marcaram você de maneira positiva ou negativa. Não tente controlar os pensamentos, apenas os deixe circularem.

Aos poucos, separe cada pensamento negativo e decida o que fazer com ele. Deve ser descartado ou ressignificado? Qual experiência saiu desse momento ruim? Como uma adversidade influenciou seu futuro? Mesmo nos piores momentos, nasce um aprendizado. A sabedoria da vida é descobrir quais são esses ensinamentos e como aplicá-los em sua vida. Salomão teve a oportunidade de escolher o que quisesse e decidiu pela sabedoria; consequentemente, ele acessou toda a riqueza que estava disponível para si.

E você? Qual riqueza você extrairá dos momentos de dificuldade?

Em meus piores momentos da vida, ressignifiquei muitos "problemas" e, com base neles, construí uma fortaleza de aprendizados. Está em suas mãos o poder de construir a vida que deseja! Vamos nessa?

CAPÍTULO 2

A ESTRADA DA CONSCIÊNCIA

> *"Um só e o mesmo Espírito opera estas coisas, dividindo a cada homem várias vezes como ele deseja."*
> (1 Coríntios 12:11)

Desde muito novo, sempre gostei de viajar de carro com meu pai, tanto a trabalho como a passeio. A profissão dele exigia que fizesse diversas viagens durante a semana, com retorno diário para casa. Isso permitia que eu desfrutasse dessa experiência com ele. Nessas viagens, percebi que a vida é como uma autoestrada, com calçada, acostamento, pista lenta e pista expressa. Essa também é uma metáfora para os seis níveis de seis da consciência de vida que exploraremos neste livro.

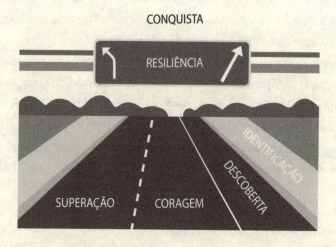

A calçada representa as pessoas que estão apenas observando todos os carros passando na estrada, sem coragem para iniciar a própria viagem. Elas encontram-se na primeira fase, a de **identificação**, na qual tudo ainda é **desconhecido**. Ficam apenas admirando e sonham que um dia farão o mesmo. Entretanto, o combustível da vida é o tempo, e quanto mais você demora para iniciar a viagem, menos combustível terá para percorrer todas as estradas que deseja. Afinal, o tempo é limitado para todos. Quanto mais tempo se passar, mais seletivo você terá de ser. Sabe o que faz essas pessoas permanecerem cada vez mais nas calçadas da vida? O medo, o preconceito e os elementos sabotadores que seguram em seu braço e o impedem de se lançar na pista e iniciar a viagem que tanto sonhou.

Nessa situação, encontramos pessoas fragilizadas emocionalmente e que, em sua grande maioria, desconhecem o cenário em que estão. Vivem uma vida de ilusões para não reconhecer tal fase. É cômodo e prazeroso fugir da realidade que não desejamos conhecer.

Certa vez, eu estava no supermercado com minha filha, Maria Teresa, de apenas 5 anos, e ela queria muito comer naquele momento um doce que estava na prateleira. Eu não concordei, mas disse que o compraria para que ela comesse após o almoço – coisas de pai que estabelece horários para as crianças comerem doces. Minha filha ficou visivelmente contrariada e revelou sinais de choro, único recurso que ela tinha à disposição. Um senhor se aproximou e disse: "Não é fácil educar crianças, né? Elas insistem até conseguir o que desejam". Eu disse que nosso papel como pais era justamente ensinar a sabedoria da vida e que há resistência, prazer, desejos e frustrações. Ele disse: "Por isso, não tive filhos, apesar de querer muito".

Depois dessa situação, pensei em como nos acovardamos diante de momentos transformadores em nossa vida, em razão de crenças e pensamentos que nos impedem de desfrutar o que há de melhor. A relação com meus filhos é uma simbiose de ensinamentos e aprendizados, cuja soma será sempre positiva e com juros compostos. Nossa evolução passa por desafios, frustrações, medos, coragem e conquistas. Esse senhor ficou na calçada avaliando como é ser pai e construindo barreiras que o impediram de viver uma das maiores experiências que há na vida.

Como ele, conhecemos diversas outras pessoas que se economizam na tarefa de construir a própria felicidade, pois constroem uma barreira intransponível que paralisa e impede o acesso a uma vida extraordinária. Todos os problemas e dificuldades existem apenas por causa das lentes pelas quais olhamos. Se mudarmos as lentes, a perspectiva e a visão se alteram, e passamos a conhecer melhor esse lugar em que estamos. A vida é uma questão de perspectiva, podemos ter algumas boas e outras terríveis.

Veja a história de W. Mitchell, que viajava de moto quando um caminhão fez uma parada inesperada em sua frente. Ele só teve tempo de inclinar a moto em uma derrapagem forçada, deslizando para debaixo do caminhão. A tampa da gasolina pulou, o combustível espalhou e o fogo tomou conta de seu corpo. Após um coma profundo, retomou a consciência na cama do hospital, com queimaduras de terceiro grau em mais de 75% do corpo. E o que ele fez? Reuniu todas as forças que tinha para retomar logo a rotina e sua carreira.

Quatro anos depois, ele fez a decolagem de uma aeronave, durante a qual, infelizmente, o improvável aconteceu: o avião caiu, deixando-o com grave lesão na medula espinhal e causando uma paralisia da cintura para baixo para o resto da vida. O que ele poderia fazer após uma sequência trágica de acontecimentos? Bom, ele tornou-se um milionário de negócios e até se candidatou a uma vaga no Congresso americano, além de ministrar palestras motivacionais de superação.[16]

Sabe qual é a diferença entre pessoas que se enterram em sofrimento e desespero e aquelas que tracionam a vida para abundância e prosperidade? A comunicação que elas permitem que se forme na

---

[16] SALOMÃO, R. Inspire-se com a incrível história de W. Mitchel. **Portal Empreendedorismo**, [s. l.], 17 abr. 2019. Disponível em: https://www.portalempreendedorismo.com.br/2019/04/17/inspire-se-com-a-incrivel-historia-de-w-mitchel/. Acesso em: 16 jun. 2023.

própria mente e quanto elas conhecem os próprios poderes. Alguns recebem sinais de desistência, sofrimento e tristeza e ficam somente nesse mundo que entrega mais dor e sofrimento. Outros utilizam essas mesmas tragédias para gerar energia e pivotar uma vida ainda melhor. O que faz a diferença é a maneira como você traduz as tragédias na vida. Lembre-se: tudo aquilo que você foca se expande. Se focar problemas, dificuldades e desilusões, atrairá ainda mais tragédia, dificuldade e desilusão. Se focar bondade, gratidão e felicidade, receberá ainda mais de tudo isso.

Voltando à nossa autoestrada, há aqueles que vivem no acostamento. Já estão na segunda fase, a da **descoberta**, que é quando precisamos encontrar o próprio **desejo**. Ali, estão aquelas pessoas que já superaram a passividade, que romperam a inércia e tiveram a coragem de começar a fazer coisas que sempre desejaram, mas que ainda colhem o sentimento de insegurança e o medo do resultado, do novo e do desbravar. A única diferença daquele que já está na via expressa são os riscos e as frustrações que já sofreu. Afinal, não há crescimento sem dor. Não se constrói nada grandioso sem exposição de si e de seus ideais. A exposição faz parte do mapa de sua trajetória.

Uma amiga me contou a alegria que sentiu ao perceber a própria coragem em ter saído da casa dos pais para viver a vida que tanto sonhou, mas que adiava tomar tal decisão por medo dos perigos que construía em sua mente. O sentimento de medo era o que a consumia todos os dias ao pensar no que sonhava viver. Ela mudou de uma pequena cidade do Nordeste brasileiro para o Sul do país, com a esperança de conhecer quem era de verdade, pois ela só poderia se conhecer por completo se estivesse integralmente com si mesma.

Ao se arriscar na estrada, ela disse que descobriu uma nova mulher que nunca percebeu que existia. Uma mulher forte, corajosa, feliz, falante, destemida e que soube enfrentar as adversidades e evoluir. O mais incrível era que ela estava apaixonada por um rapaz, o que gerava ainda mais brilho em sua vida. Ela já estava pronta para viver a fase da via expressa!

Nossa mentalidade é construída com base naquilo que já vivemos e acreditamos. Os momentos pelos quais você já passou produzem sentimentos que o encorajam a viver mais daquilo ou o afastam para nunca mais chegar perto daquilo. Isso é o que denominamos o **mapa da vida**. E os níveis da consciência nos levam a ter um mapa completo com indicações para o grande tesouro da prosperidade. Cada pessoa tem o próprio mapa que baliza as decisões que serão tomadas no caminho. No caso dessa amiga, ela tinha um mapa da vida muito restrito e recheado de medos, incertezas e dúvidas. No momento em que decidiu viver momentos diferentes em outros lugares, ela ampliou o mapa da vida, tornando-a mais corajosa, resiliente e destemida.

Se você ainda não viveu algo, é porque não se permitiu ampliar o mapa de sua vida. Você precisa expandir o mapa, por meio dos níveis que exploraremos, para tornar-se capaz de olhar as mesmas situações com outras perspectivas, e então encontrar oportunidades nunca antes vistas. Diferentes olhares são colhidos quando você se permite olhar a mesma situação de maneira inédita. Se olhar sempre as coisas com os mesmos olhares, terá sempre a mesma perspectiva, a mesma ideia e a mesma conclusão. Nada de novo surgirá desse padrão limitante adotado há sabe-se lá quanto tempo. De vez em quando, todos devemos atualizar o mapa da vida para viver momentos extraordinários e que jamais seríamos capazes de encarar sem a atualização constante.

Você já deve ter ouvido de alguém as seguintes frases: "minha vida está muito monótona", "não tenho vontade de fazer nada", "parece que tudo é igual todos os dias", "não vejo a hora de acabar logo esse trabalho para ir para casa". Alguém assim, enquanto não construir um novo parâmetro de vida, permanecerá com o freio de mão puxado, emperrado na fase atual. Colherá mais do mesmo e só terá tempo para iniciar uma fase de degradação mental. As palavras têm poder de representar o momento que estamos vivendo. E a boca expressa o que o coração não é capaz de dizer. Quando as pessoas deixam de atualizar o mapa, elas passam a viver mais do mesmo e

A ESTRADA DA CONSCIÊNCIA

constroem barreiras que as impedem de olhar por cima do muro e perceber uma linda oportunidade do outro lado. Quando as pessoas se baseiam somente no que há dentro de si e têm como referência um mapa antigo, elas cometem erros, imaginam limites onde não há e enxergam restrições onde não deviam. É como se algo na vida devesse ocorrer de tal maneira e, se não acontecer exatamente assim, elas não fazem nada de diferente para buscar o que desejam. Logo, contentam-se com a frustração.

Minha amiga permitiu-se construir um novo mapa da vida. Não se acovardou na ilusão de estar enclausurada em uma paisagem desconexa do que ela poderia viver. Ela construiu uma nova realidade e se apaixonou por tudo o que estava vivendo. **A vida é cheia de oportunidades que ainda não foram escritas.** Elas estão ao seu lado. Basta não deixar que ninguém, nem mesmo suas experiências passadas, convença você do contrário.

Agora, vamos falar da via lenta para aqueles que lutam diariamente contra seus piores sabotadores. Ela é nossa terceira fase da consciência, a da **coragem**, na qual estamos em movimento e precisamos tomar as **decisões** corretas. O interessante é que esses integrantes já identificaram com clareza quais são esses sabotadores e, portanto, podem atuar de maneira intencional para impedir que tais obstáculos dominem o dia a dia. Eles já têm clareza dos objetivos de vida e perseguem diariamente suas metas, travando uma interminável batalha contra os sabotadores.

Na via lenta, há um grau de conscientização maior e você já reconhece seus medos e consegue dialogar com sua pior versão que o impede de prosperar. Há também uma facilidade em sintonizar frequentemente os canais certos. A todo momento que você percebe essa perda de sinal e cede espaço para o desânimo, há a busca por uma nova frequência de otimismo. Afinal, é contraprodutivo pensar no melhor que você pode viver e, ao mesmo tempo, receber uma resposta sabotadora que o desencoraja a fazer o que sempre quis, concorda? Mas, como você já conhece suas potencialidades e capacidades, há maior facilidade em recentralizar a vida. Por outro lado, algo ainda o impede de dirigir na velocidade da via; ainda surgem muitas inseguranças na tomada de decisões.

No período em que eu prestava concurso público, era muito comum oscilar entre o ânimo e o desânimo pela aprovação. Foram diversos anos estudando e a cada dia que percebia avanços me sentia mais próximo de meu sonho. Contudo, havia aqueles dias em que estudar era entediante e sofrido. A reflexão sobre a possibilidade de não aprovação no concurso público tomava conta de mim e gerava uma ansiedade imensa. O pensamento era se valeria a pena me dedicar por longos anos a um estudo após o qual sequer sabia se haveria êxito, mas a luta era individual e interna. Eu tinha de vencer minha limitação e a disputa emocional para corrigir diariamente o caminho que desejava percorrer. Não poderia pegar atalhos, nem mesmo alguma pista que me levaria a um lugar indesejado. Por isso, o controle emocional deveria ser uma prática diária para que o ânimo fosse restabelecido constantemente. A vida é assim, e o que muda é somente o contexto e a história. É como aquela empresa que começou muito pequena e se tornou robusta; é aquele casamento que iniciou com frieza e sem intimidade e evoluiu para uma história única; é aquela amizade pura que surgiu de uma conversa na padaria.

O grande segredo é entender os processos da vida. O que enxergamos diariamente são somente acontecimentos, uma única cena que resume tudo. Entretanto, o que esquecemos é que tudo faz parte de um processo que se inicia em algum momento, faz gerar um acúmulo de repertório e finda em um acontecimento que consagra o resultado final, seja da empresa de sucesso, da aprovação no concurso público, do casamento exemplar, da criação bem-sucedida dos filhos...

Viver a via lenta é fazer a comparação entre três pessoas que vivem realidades distintas e têm o mesmo objetivo de vida. Vamos imaginar essa situação: uma pessoa que deseja muito ganhar R$ 30 mil mensais; outra que já ganhou essa quantia mensal, mas não ganha mais tal montante; e aquele que considera muito comum ter esse valor todos os meses.

Para aquele que nunca faturou essa quantia, há diversos elementos limitadores que o fazem não acreditar nessa possibilidade; já aquele que ganhou antes e não ganha mais tem a convicção de que é possível, pois isso já aconteceu. Portanto, este tem facilidade para eliminar todos os pensamentos negativos que o impedem de avançar. A todo momento, ele vai construir os caminhos para tornar isso possível, com a convicção de que pode conseguir novamente. Por fim, temos aquele que fatura isso todo mês. Para essa pessoa, a rotina tornou-se tão comum que ela não tem espaço para pensar de maneira diferente. Ela sabe que todo mês vai faturar isso e talvez mais. Nenhum elemento sabotador dominará seu pensamento.

A vida é assim. Não tem a ver com o que está certo ou errado, nem mesmo com o que é verdade ou não, mas com aquilo que **você acredita ser possível ou não**. Um bom mapa mental é aquele que o permite ver as coisas com diferentes perspectivas e o ajuda a saber se virar o máximo possível para correr atrás de seus sonhos. Se os três homens acima andassem juntos, tenha certeza de que o grau de convicção deles seria alterado, pois a confiança em atingir os objetivos se tornaria mais real; afinal, estariam no mesmo ambiente que pessoas que já conseguem fazer o que outros só desejam. O convencimento e a confiança surgem com o tempo e a convivência.

Temos ainda a via expressa, nossa quarta fase da consciência. Essa é a da **superação**, na qual direcionamos todas as nossas **escolhas** de vida ao que nos levará a nossa melhor versão. É para aqueles que têm a consciência real de todos os seus sabotadores e que já os dominam com o objetivo de impedir que eles restrinjam a vontade de produzir. Os resultados desses indivíduos são tão expressivos que eles sequer têm tempo para que outros sabotadores influenciem a rotina. Os resultados tornam-se imparáveis.

A via expressa é tão intensa que podemos compará-la a uma prova de corrida de rua. O atleta focado não permite que aqueles que não estão participando da competição influenciem seu desempenho. Para esse atleta, o que importa é cada uma das passadas dadas ao longo da prova. Ele não tem interesse em saber quem está assistindo, quem está próximo dele, nem mesmo se está ocorrendo transmissão televisiva ou não. A importância está no tempo e na distância que ainda falta percorrer. Ele bem sabe que o bom desempenho nos primeiros metros de uma corrida fará total diferença nos metros finais. Afinal, os 20% iniciais, quando bem-feitos, são responsáveis por 80% dos resultados de vida.[17] E é assim que devemos agir, atentos somente àquilo que faz sentido para nós naquele momento.

Sabe o rapaz que fatura todo mês a quantia de dinheiro que sempre desejou? Ele não deixa que qualquer dúvida o domine. Ele conhece muito bem seus limites e o poder interno que possui. Na verdade, ele já superou essa fase. Agora o foco está em gerar recorrência em outros valores, pois aquilo já se tornou comum. É como aquela pessoa que dominou a insegurança em falar em público. No começo, sentia um frio na barriga que a impedia de pensar; depois, dominou a sagacidade da postura de palco, de se locomover e gesticular; agora, na fase atual, é como construir uma apresentação ainda mais brilhante.

Todos os seus medos são construídos. O único medo que nasce conosco é o de cair e o de sons altos. Isso significa que os elementos sabotadores que o impedem de acessar aquilo que você deseja foram se instalando em sua mente porque você mesmo permitiu que isso acontecesse. Para fazer escolhas mais ousadas e dinâmicas, seu mapa da vida terá de ter permissão para isso. As pessoas fazem a melhor escolha que podem no momento da decisão, com base nas verificações possíveis que enxergam. Ninguém erra por errar, mas por não ter conseguido vislumbrar oportunidades melhores para seguir.

E ainda temos mais duas fases da consciência. Falaremos brevemente delas agora para nos aprofundar no momento certo.

---

[17] Essa é a teoria de Pareto, que diz que 20% de seu esforço atinge 80% dos resultados. Nos negócios, 20% de seus clientes correspondem a 80% das vendas. Na economia, 20% da população possui 80% do território. Na programação, 20% dos códigos têm 80% dos erros. No esporte, 20% dos atletas participam de 80% das competições. Disponível em: https://rockcontent.com/br/blog/principio-de-pareto/. Acesso em: 15 ago. 2023.

A quinta, a da **resiliência**, ocorre quando usamos a **perseverança** para seguir nosso caminho rumo à prosperidade; é representada pelas placas que vemos no caminho. Sabemos para onde devemos ir e precisamos de disciplina, coragem e autoconhecimento para isso.

Já a sexta e última fase é a da **conquista** – quando nossos **resultados** florescem, chegamos ao nosso destino e podemos apreciar todo o trajeto até lá e também a vista que está à frente, fornecendo infinitas novas possibilidades.

Então, em qual lugar da autoestrada você se encontra? Nas próximas páginas, vou ajudá-lo a despertar sua consciência para a vida a fim de despedir-se desse estado de inconsciência, sofrimento e solidão. Chega de ver todo mundo acelerando e sentir medo de entrar na pista. Vamos sair desse caminho sem rumo e encontrar o verdadeiro desejo. Somente avança para uma nova fase aquele que se desperta e se esforça para isso. Não há conquista sem dedicação e sem compromisso. A vida no automático não permite que você avalie seus piores inimigos, nem mesmo seus amigos, pois, na maioria das vezes, você mesmo se prejudica. Sim, tudo isso está em suas mãos. É você quem seleciona os piores defeitos como rótulo; é você quem se desencoraja a fazer uma apresentação; é você quem não se compromete com as tarefas importantes; é você quem procrastina suas atividades sem qualquer compromisso; é você quem não faz a leitura do livro que sempre desejou; é você quem não cultiva o respeito e o carinho no relacionamento conjugal para manter a plena harmonia.

Mas, calma, não se sinta culpado, pois isso é totalmente normal! E a melhor parte é que a solução está em suas mãos. Para iniciar esse caminhar, vislumbrar o que está ao seu redor e ter conhecimento sobre isso, vamos identificar os elementos sabotadores que podem impedir a revelação da grandiosa pessoa que você é.

SABOTADORES

*"Não vos tem sobrevindo tentação que
não seja comum aos homens; mas Deus
é fiel, o qual não permitirá que sejais
tentados acima do que sois capazes;
mas também com a tentação fará um
caminho para escapar, para que sejais
capazes de suportá-la."*
(1 Coríntios 10·13)

A HISTÓRIA DE MUITAS MARIAS

Maria é CEO de uma grande multinacional do setor farmacêutico. Ela permaneceu nesse segmento por toda a sua carreira e sempre deixou muito evidente seu objetivo de vida: chegar à diretoria da empresa. Desde o início, teve muito foco e perseverança para conquistar sua meta. De família muito simples, os planos eram ousados para sua realidade, mas em momento algum isso a enfraqueceu. Ela estava determinada a atingir o topo da carreira.

Para que tudo se tornasse realidade, desde muito cedo ela desenvolveu a característica de ser bem crítica, avaliando a si, os outros e as situações sempre com muita severidade. Não admitia erros seus, nem mesmo dos outros, sob o argumento da perfeição. Alegava que quem desejava alcançar o cargo mais alto da companhia não poderia aceitar falhas iniciais. A todo momento, comparava suas roupas, sua fala e sua postura com todos que estavam ao redor. Focava muito os próprios erros ou os dos outros. Ficava sempre atenta aos deslizes do passado para não os cometer novamente, mas insistia em fixar o pensamento em possíveis falhas atuais. Fazia muita comparação entre as situações. Apontava sempre as circunstâncias ou os resultados ruins, em vez de avaliar as oportunidades. Exercia uma cobrança intensa sobre o marido e os filhos, exigindo um comportamento incompatível com a figura de esposa e mãe.

Com o tempo, percebeu um distanciamento das pessoas mais próximas e uma frieza em seu relacionamento social, pessoal e profissional. O cargo que tanto desejava, que agora era seu, já não tinha tanto valor. A admiração cedeu espaço para ansiedade, aflição, cobrança intensa, sofrimento e conflitos de relacionamento. A sensação que tinha era de que perdera por completo o controle da situação e da operação que estava administrando, pois seus funcionários imediatos estavam distantes e sentiam-se sem liderança.

Maria buscava refúgio em argumentos que somente a prejudicavam. Tinha a certeza de que, se não se pressionasse, ficaria acomodada e preguiçosa; se não criticasse seus erros e os punisse, voltaria a cometê-los; pensava que o medo do erro faria com que eles não acontecessem; se não criticasse os outros, perderia a objetividade e não atingiria os objetivos pretendidos; se não sofresse por seus erros, provavelmente os cometeria de novo.

A história de Maria é a mesma de muitos. É a minha, a sua e a de outros amigos. Fomos ensinados que sermos críticos nos revela uma clareza de como nos tornar pessoas melhores e mais produtivas, mas em momento algum nos foi dito que sermos críticos nos causa ansiedade, aflição, sofrimento, distanciamento social e conflito de relacionamento. Quando descobrimos isso, notamos que viver no automático e de maneira inconsciente não está relacionado a ter sucesso profissional ou não, mas a ignorar posturas, comportamentos e atitudes que adotamos sem perceber e que prejudicam muito nossa relação de vida.

Maria carregava consigo a certeza de que ser crítica era elemento fundamental para seu sucesso, quando, na verdade, estava provocando uma degradação moral em si, gerando culpa, arrependimento e decepção. Ela criou uma realidade em sua mente e passou a viver somente nela, sem enxergar o que estava bem a sua frente.

Maria despertou a consciência de que tudo o que acreditava ser seu ponto forte estava, em absoluto, criando um caos em sua vida. O que a trouxe até aquele lugar de destaque profissional não a faria permanecer lá. Até porque ela avaliou que o preço pago para chegar àquele lugar foi muito caro. Brigas, desilusões, desrespeito, ausência de afeto, culpas, arrependimentos e desentendimentos.

A HISTÓRIA DE MUITOS JOÃOS

João é funcionário de uma empresa de tecnologia e atua como programador de sistema, com ênfase em sistema de análise de crédito para cooperativas de créditos. Como sempre trabalhou com dados e números, João reiteradamente se valoriza dizendo ser bastante racional para as atividades. Alega ter objetividade apurada para tudo, principalmente com foco intenso no processamento racional de toda a operação.

Construiu essa característica sob o argumento de que, para o que ele desenvolve diariamente, a racionalidade é um elemento fundamental, pois permite não se desviar para assuntos "melancólicos e sem sentido". João acredita que a subjetividade atrai pensamentos pessimistas e negativistas e, por isso, se monitora a todo momento para não incidir em erro. Para ele, a mente racional é a mais importante. Com o passar do tempo, ele percebeu que seus relacionamentos estavam ficando cada vez mais distantes e por diversas vezes foi chamado de frio e calculista. Em um debate, uma colega de trabalho chegou a chamá-lo de intelectualmente arrogante e dissimulado.

Sua vida amorosa também não estava nada bem, pois sua namorada dizia que ele expressava poucas emoções e em muitas situações intimidava a relação com o pensamento extremamente racional.

João percebeu um sentimento de frustração por não conseguir construir um relacionamento mais íntimo e duradouro, evidenciando sempre uma batalha consigo e com os outros, pois não aceitava o lado emocional das pessoas. Notou que, a cada dia, ele se sentia mais incompreendido e sozinho. Sua objetividade de raciocínio estava transformando-o em uma pessoa cética e cínica.

Como sempre agira dessa maneira e por acreditar que essa característica era seu ponto forte, João não se dava conta de que a vida estava cada vez mais absorvida por um sentimento depreciativo, que corroía a parte pessoal e profissional. É como se estivesse construindo um avatar de alguém que ele não desejava viver. Nesse momento, houve a identificação da vida que não desejava viver e isso gerou a conscientização da importância de mudar.

A HISTÓRIA DE MUITAS JULIANAS

Juliana, casada e mãe de três filhas, era empresária do setor de roupas íntimas e atuava havia mais de 26 anos nesse segmento. Tinha estabilidade econômica e ajudava sempre os familiares mais próximos. Ligava todos os dias para os pais para saber como estavam e não deixava as filhas saírem com amigas, pois somente ela poderia levar e buscar as meninas. As amigas das filhas podiam brincar em sua casa, mas jamais o contrário. Ela tinha muito receio de que algum mal acontecesse com a família e, por isso, estava sempre ansiosa. Juliana focava aquilo que poderia dar errado.

Como forma de justificar seu comportamento, criticado por todos, Juliana alegava que a vida é cheia de perigos e que a função dela era proteger aqueles que estavam a sua volta. "Afinal, se eu não proteger, quem o fará?", ela perguntava. A ideia de quando a próxima coisa ruim poderia acontecer a deixava sempre ansiosa. Ela desconfiava muito das pessoas, acreditava que somente a procuravam por algum motivo específico.

Com o tempo, Juliana percebeu que seu marido e suas filhas estavam cada vez mais distantes, apesar de ela buscar a aproximação intensa entre eles. Em uma conversa amistosa, sua filha mais velha revelou que a energia que a mãe carregava era muito tensa, fazendo com que o ambiente ficasse pesado pela falta de espaço e pelos pensamentos trágicos. Era como se a mãe quisesse controlar tudo e somente a ideia dela fosse brilhante. Ela e as irmãs estavam ficando ansiosas com essa falta de espaço e essa postura de ver perigo em tudo.

Nesse instante, Juliana conscientizou-se de que a ansiedade que estava sentindo era fruto do comportamento inconsciente por ela adotado. Sem perceber, viveu a vida toda sendo vigilante para que mal nenhum acontecesse com a família, mas não percebeu que construiu uma Juliana que não era a verdadeira. Os perigos e os alertas apenas estavam prejudicando e produzindo um mal maior ainda: o distanciamento de sua família.

A HISTÓRIA DE MUITOS MARCOS

Marcos é funcionário público, solteiro e sonhava em ser aprovado no concurso público para magistratura. Desde pequeno, seu pai o convenceu de que esse era o melhor caminho para alcançar a estabilidade econômica. Com 43 anos, ainda residia com os pais, sob o argumento de que precisava de muitas horas para estudar e de que qualquer coisa que o desviasse do foco o afastava da aprovação. Por isso, não auxiliava em casa nem mesmo tinha interesse em procurar um apartamento para morar.

Apesar da obstinação de Marcos para realizar seu sonho, ele sempre desejou agradar a todos que estavam a sua volta. Sempre fazia o que seu pai escolhia. Isso provocou insegurança nas tomadas de decisão, pois tinha incerteza em tudo. Seu relacionamento amoroso era um desastre porque ele não conseguia ter atitude ativa para cativar a parceira.

No trabalho, a produção de Marcos era muito baixa em razão da insegurança em produzir e entregar os relatórios. Fazia e refazia constantemente os relatórios porque sempre acreditava que estava faltando algum item a ser incluído. Essa postura prejudicava, inclusive, seu relacionamento profissional, pois poucas pessoas tinham confiança no trabalho desempenhado por Marcos. Isso gerava desinteresse dele pelo emprego, mas ninguém tinha coragem para dizer isso a ele.

Certo dia, Marcos conheceu uma linda amiga, chamada Ana, e se apaixonou por ela, mas esse relacionamento não foi adiante, como todos os outros. Ana disse para Marcos o que muitos evitaram dizer durante anos: o relacionamento deles não poderia sequer começar, pois existia uma insegurança enorme nele que o impedia de tomar decisões. Ela não conseguia se ver namorando alguém que dependia dos pais para tudo; que não era capaz de tomar a decisão de ter a própria casa; que demorava muito tempo para concluir um relatório; que precisava de meses para decidir se viajaria ou não no Dia dos Namorados; que tinha de consultar o pai para trocar de carro; que sentia medo de conversar com o chefe sobre algo que o estivesse aborrecendo.

Após esse diálogo, Marcos descobriu quem era verdadeiramente. Ele desconhecia as própria atitudes e fragilidades, mas foi capaz de identificar suas crenças limitantes e suas fraquezas, libertando-se da insegurança e do sentimento de incapacidade que o dominava. Um novo Marcos nasceu a partir disso.

OS DIVERSOS SABOTADORES

"Que a paciência, no entanto, realize a sua obra
perfeita, para que sejais perfeitos e completos,
sem vos faltar coisa alguma."
(Tiago 1.4)

Poderíamos ficar por muitas páginas apresentando os relatos de pessoas que vivem inconscientemente com seus sabotadores e enfraquecem a potencialidade de viver com resultados. Essas pessoas estão na fase da identificação, ou seja, na calçada de nossa autoestrada, onde muito provavelmente você se encontra agora. Mas o objetivo não é este. Queremos que você, leitor, perceba que seus sabotadores poderiam ser qualquer um, na forma de não merecimento, não pertencimento, presteza, vitimismo, controle, insistência, insegurança, desconfiança, racionalidade, escassez...

Não importa qual seja seu elemento sabotador. O relevante aqui é: qual o sonho que ainda não foi realizado em razão de algum impedimento que somente você sabe qual é? O foco não é o sabotador, mas o que você deseja viver, o verdadeiro desejo, para que você possa seguir para a próxima fase! A ótica é olhar para o desfrute, e não para a escassez.

Pensando nisso, chegou o momento de construir sua base para iniciar uma vida de conscientização. Imagine como seria se todos os dias você acordasse e soubesse com clareza o que fazer; quais são as decisões que precisa tomar; quais valores vão pautar essas decisões; o que tem relevância e importância para você; quais as métricas utilizadas para verificar se seus objetivos de vida estão sendo alcançados; quais comportamentos terão de ser adotados para recentralizar seu comportamento... Parece um sonho, não é? Mas é melhor que isso, pois pode ser realidade. Basta que você esteja pronto para passar para o próximo passo do jogo da vida.

Para isso, você precisa traçar o objetivo de vida. A cada momento que se distanciar disso, deve descobrir o que está provocando tal desvio e, consequentemente, mudar de comportamento. Você construirá um jogo da vida com flexibilidade e clareza, ou seja, flexibilidade para mudar os comportamentos e clareza para ter a consciência do que deseja viver.

Quando refletimos dessa maneira, podemos concluir que a evolução pessoal de cada um é marcada pelo poder da clareza, da escolha e da decisão.

Então, vamos começar a avançar em nossa jornada?

APLICAÇÃO
Jogo da vida

O que você tem realizado que, se não fizesse, traria um resultado surpreendente em sua vida? Não sabe? Não se preocupe, este pode ser o fator de tração em sua vida e que lhe proporcionará realização pessoal. De qualquer forma, agora é um momento de muita reflexão para você identificar o elemento sabotador que o constrange a não fazer aquilo que você deseja muito. Pode ser a escassez; o sentimento de não merecimento; o não pertencimento; o vitimismo causado por possível falta de afeto; a mentira; o medo, o ressentimento; a negatividade ou a autoimagem...

_____

_____

_____

_____

_____

_____

Dedique um tempo para avaliar esses sabotadores, identifique quais estão presentes em sua vida e quando eles se manifestam. Só geramos consciência da própria vida quando revelamos para nós mesmos quem somos de verdade. Na inconsciência, não sabemos o que não sabemos.

Agora é hora de deixá-los para trás.
Vamos em busca de uma vida de prosperidade!

CAPÍTULO 3

FASE DA IDENTIFICAÇÃO: DESBRAVANDO O DESCONHECIDO

"Aquele que observa o vento nunca semeará, e o que olha para as nuvens nunca segará." (Eclesiastes 11:4)

Neste capítulo, vamos falar sobre as pessoas que estão na calçada vendo os carros acelerarem. Aquelas que se encontram na fase da identificação, pois ainda desconhecem tudo ao redor. Se indagarmos as pessoas que encontrarmos ao longo do dia sobre o que desejam fazer da vida, aposto que a maioria não terá clareza do futuro. É muito provável que várias não conheçam o planejamento dos próximos passos da própria vida. Diversas delas não saberão com facilidade o significado de família, casamento, filhos ou trabalho. Apresentarão respostas evasivas e sem conexão com o que verdadeiramente pensam.

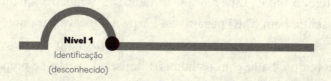

Tenha sempre uma coisa em mente: sua vida não reage a pensamentos esparsos e sem sentido. Seu corpo age em prol da clareza de objetivos de vida gerada em seu pensamento, fazendo com que haja conciliação entre a vontade e as decisões tomadas ao longo da vida.

Diversas pessoas ignoram o objetivo construído e tomam decisões contraditórias em relação a seus sonhos e desejos, distanciando-se cada vez mais daquilo que faz sentido para si. Quando menos se espera, a vida está em desequilíbrio. O que mais lhe proporciona motivos para uma história com exuberância e propósito é ter uma causa pela qual você se identifica e a qual persegue dia a dia. A conjugação da fórmula entre o objetivo que se persegue e a decisão que se pretende tomar é uma equação que soluciona muitas das tensões diárias. Você somente estará próximo de seu objetivo de vida quando suas decisões forem favoráveis para a persecução da meta. Caso contrário, terá uma vida de desilusão, cheia de decisões que vão na contramão de tudo aquilo que sempre desejou. E podemos resumir tudo isso em uma simples equação:

OBJETIVO DE VIDA + DECISÃO CONCILIATÓRIA = REALIZAÇÃO

A história de Davi, presente na Bíblia, é um verdadeiro relato de construção de uma causa na vida com base em inconformismo.

Saul, sentindo-se incomodado por acreditar que algum espírito maligno o atormentava, buscava alguém que pudesse lhe trazer paz. Em pouco tempo, então, Davi havia se tornado seu escudeiro. Quando Saul não se sentia bem, Davi pegava sua harpa e a tocava para que, assim, revigorasse suas energias e fizesse o espírito maligno sair dele. Nesse mesmo tempo, Saul, com os homens de Israel, estava se preparando para enfrentar os filisteus. Foi quando um gigante filisteu chamado Golias pôs-se de pé e gritou ao Exército de Israel.

Davi alimentava suas ovelhas quando seu pai Jessé lhe pediu que levasse alimentos aos seus irmãos que estavam batalhando. Quando

Davi chegou lá, decidiu lutar contra o gigante Golias. Saul, ao descobrir a valentia de Davi, logo o mandou chamar e lhe disse: "Tu não estás apto para ir contra esse filisteu, pois ele é um homem de guerra desde a mocidade".

O restante da história, imagino que você já conheça, não é mesmo? Davi usou sua inteligência e fé para vencer uma batalha da qual ninguém acreditava que sairia vitorioso. Mas ele, antes de entrar na arena, já sabia que poderia vencer.

Para deixar a fase da identificação e do desconhecido para trás de uma vez por todas, devemos definir três fatores determinantes para gerar clareza no objetivo de vida: I. Positividade comportamental; II. Congruência de valores pessoais; e III. Índice referencial.

Essa história bíblica reflete o poder de nossas decisões para mudar rumos, destinos e padrões. Somos o repositório de escolhas, sejam elas acertadas ou não. Quanto mais clareza nos objetivos da vida, mais assertivos seremos e, consequentemente, mais prosperidade alcançaremos. Lembre-se: a vida é como um jogo de fases, a cada novo desafio um novo olhar e uma nova decisão. O repertório de decisões corretas nos aproxima cada vez mais da abundância. Davi definiu que seu objetivo de vida seria libertar o povo de Israel das ofensas dos filisteus. Ele gerou clareza e objetividade para aquilo que desejava, saindo da identificação e caminhando rumo à próxima fase.

Davi construiu uma **positividade comportamental**, ou seja, sabia que em sua causa teria de ter uma luta pessoal contra aquele que desrespeitava todo um povo. Mais que isso, ele alinhou **o comportamento com os valores pessoais**. A conduta de Golias era muito contrária à sua verdade, isto é, não tinha como ele aceitar as palavras ditas por Golias e ficar em silêncio, pois o desrespeito ao seu povo era muito grande. Além disso, ele sabia como vencer o filisteu, haja vista as guerras que enfrentou em silêncio contra os leões e o urso; ninguém descobriu como vencer Golias, somente ele. O **índice referencial** de seu comportamento já estava definido. David sabia o que era capaz de fazer, e você também pode avançar essa fase.

FASE DA IDENTIFICAÇÃO: DESBRAVANDO O DESCONHECIDO

POSITIVIDADE COMPORTAMENTAL

"E sabemos que todas as coisas trabalham juntamente para o bem daqueles que amam a Deus, daqueles que são chamados de acordo com o seu propósito." (Romanos 8·28)

Toda definição de objetivo de vida implica descobrir um comportamento, a fim de seguir o padrão de conduta esperado. Estamos falando sobre objetivos de vida, que podem ser uma ascensão profissional; uma relação harmoniosa no casamento ou com os filhos; uma mudança de cidade; a compra de um imóvel que tanto desejava; uma expansão empresarial; um novo estilo de vida saudável...

Não existe resposta errada. Este é o momento de se conscientizar daquilo que você pode viver. E todo objetivo deve estar relacionado a uma atitude comportamental positiva, ou seja, não há objetivo de vida dependente da sorte ou do acaso, mas somente atrelado à atitude e à ação. Quem depende de outras pessoas para construir um objetivo de vida se afasta diariamente dos próprios ideais, além de ficar na dependência de fatores externos – que podem acontecer ou não.

O sr. Soichiro Honda é um grande exemplo de positividade comportamental rumo a um sonho de vida. Em 1938, ao investir todos os seus recursos em uma pequena oficina para a produção de anel de pistão para a Toyota Corporation, ele tinha uma clareza de objetivo que lhe motivava diariamente para confiar em sua invenção. Acreditava na própria capacidade e, dia após dia, melhorava seu produto. Ao apresentar sua invenção, a empresa Toyota rejeitou o produto sob o argumento de que não atendia aos padrões de qualidade. Mesmo sem a aprovação das pessoas, continuou perseguindo seu objetivo e, depois de dois anos, a Toyota assinou um contrato com ele. Nesse momento apareceu um novo desafio: a falta de concreto para a construção de sua fábrica, pois o governo japonês se preparava para a guerra. Qual foi a atitude dele? Mudou a estratégia, produziu o próprio concreto e construiu a fábrica. Mas, durante a guerra, sua fábrica foi bombardeada duas vezes e um terremoto destruiu toda a operação. Com isso, a decisão do sr. Honda foi vender a invenção para a Toyota.

Depois que a guerra acabou, Honda teve uma grande ideia para enfrentar a falta de combustível da época e montou uma bicicleta motorizada. A demanda foi tão grande que ele implementou uma fábrica de motores e, posteriormente, idealizou uma motocicleta, ajustando-a às necessidades locais. O sucesso da invenção foi logo reconhecido; dessa forma, foi necessário iniciar as exportações e, consequentemente, a ampliação da empresa, dos negócios e da fábrica de carros, tornando a Honda Corporation uma potência mundial pela atitude, clareza e perseverança.

Positividade comportamental é perseguir uma ideia com vontade extrema de concretização. Em qualquer dificuldade, a inovação será o melhor remédio. Em qualquer desvio, é possível encontrar um novo caminho. Considerando tudo isso, reflita: qual é a positividade comportamental que você adotará hoje para perseguir seu objetivo de vida? O meu é inspirar pessoas a produzir resultados ilimitados; é a leitura de duas horas por dia; o devocional matinal; o exercício físico diário; o horário de desfrute com a esposa e com os filhos; a presença intensa naquilo que estou fazendo; o investimento constante em meus estudos; a dedicação aos diversos negócios geridos por mim; e a vivência com mais satisfação em vez de cobranças – e, claro, a materialização deste livro!

E qual é o seu?

FASE DA IDENTIFICAÇÃO: DESBRAVANDO O DESCONHECIDO

CONGRUÊNCIA DE VALORES

*"Por isso não sejais insensatos, mas entendei
qual seja a vontade do Senhor." (Efésios 5·17)*

Somos um repositório de valores que determinam as decisões. Por que uma pessoa fica paralisada diante de uma escolha, não consegue alinhar suas ideias e acaba construindo mais dificuldades que soluções? Porque os valores dela estão pouco evidentes. Falta clareza neles. Por exemplo, alguém que recebeu uma proposta de emprego para trabalhar em outro estado ou país fica angustiado por dias sem saber o que fazer. Nesse caso, quais são os fatores de decisão? É preciso ter a base de valores de vida muito evidentes. Se o indivíduo em questão tivesse os valores em evidência, ficaria muito mais fácil decidir.

Por exemplo, minha base de valores é espiritualidade, saúde, amor, felicidade, desfrute e trabalho. Isso significa que minha vida está relacionada a esses valores. Assim, qualquer decisão deverá ser tomada levando em consideração se estou me aproximando ou me afastando deles. No caso da mudança de estado ou país, por exemplo, se minha família não puder estar comigo, a decisão será pela recusa da proposta. Isso porque o valor família se encontra antes do trabalho e assim por diante.

Outro valor que determina minha vida é a verdade. Tudo o que se afasta da verdade como uma premissa me levará a tomar uma decisão incongruente com meus valores. Tudo o que está relacionado a mentiras não me permite prosseguir. Isso já é um parâmetro para a tomada de decisão, percebe?

Quais são os valores que balizam suas decisões de vida?

_____

_____

_____

_____

ÍNDICE REFERENCIAL

"Por isso todos quantos já somos perfeitos,
tenhamos este mesmo sentimento; e, se sentis
alguma coisa de outra maneira, Deus deve
revelar ainda esta a vós." (Filipenses 3·15)

Em todo e qualquer objetivo ou metas empresariais, um fator essencial é ter índice referencial, isto é, métrica para avaliar a todo momento se você está se aproximando ou se afastando de seu propósito. Você precisa saber com clareza se está conseguindo ou não atingir seu objetivo de vida. Esse é o elemento que vai estimular ou enfraquecer sua caminhada. Por exemplo, o objetivo de vida de algumas pessoas é construir a independência financeira; meta delas, portanto, é poupar R$ 1 mil mensais para em dez anos ter receita o suficiente para alcançar esse fim. A métrica foi estabelecida.

Para outros, é emagrecer 3 quilos por mês, para em oito meses estar no peso desejado. Nesse caso, o indivíduo adota um estilo de vida mais saudável, com exercícios físicos diários e alimentação balanceada. Mas, ao final de cada mês, percebe que não está conseguindo atingir a meta de emagrecimento, o que o deixa desmotivado. Entretanto, ele não considerou que a atividade física realizada todos os dias acabou por aumentar a massa magra, por isso não reduziu toda a medida que desejava. No entanto, obteve ganhos secundários incríveis, como redução da taxa de colesterol, melhora da pressão arterial, da frequência cardíaca e do diabetes...

Ter uma métrica clara para avaliar a aproximação ou o afastamento de seus objetivos de vida é essencial para gerar a motivação diária em busca de seu intento. Desse modo, sempre que você se afastar do que realmente almeja, terá a oportunidade de mudar o comportamento. A métrica será como um termômetro balizador de sua vida. Um atleta de maratona de corrida tem como métrica o tempo do percurso que vai correr. Sempre que se afastar dessa baliza, ele vai perceber que não atingirá o resultado esperado. Da mesma forma, quando notar que está próximo da marca eleita, ele saberá que está no caminho certo.

Então, conte aqui: qual é ou deve ser seu índice referencial?

Ao dominar esses três pontos – positividade comportamental, congruência de valores e índice referencial –, as decisões corretas ficarão bem mais evidentes. Mas ainda podemos aprimorá-las...

DEIXANDO A CALÇADA DE UMA VEZ POR TODAS

"Mui amados, rogo-vos, como estrangeiros e peregrinos, que vos abstenhais das concupiscências carnais, que guerreiam contra a alma." (1 Pedro 2·11)

A complexidade da vida resume-se ao poder de construir nosso objetivo e sempre decidir a favor dele. A cada decisão correta, uma nova fase se inaugura. É como se fôssemos adquirindo o passaporte para as próximas fases que idealizamos lá atrás. Abandonamos de vez o desconhecido, porque isso já não nos pertence mais. O que nos aproxima de nosso objetivo é a coerência ao tomar as decisões mais acertadas para esse intento, conhecer nossos desejos, preparar-nos para entrar na estrada.

O repositório de decisão acertada eleva-nos ao patamar que mais desejamos. Isso vale para diversas ocasiões, a rejeição daquele doce que você não comeu no almoço para ter uma alimentação saudável; a palavra de respeito e carinho dita para a esposa ao acordar; os livros que escolhe ler tendo em vista o desenvolvimento pessoal e a maturidade de conhecimento; as economias que promoveram a independência financeira; os investimentos em networking que levam a lugares que sempre desejou; as horas diárias de atenção com os filhos que proporcionaram a intimidade atual; as orações diárias que permitem adquirir sabedoria para a vida.

Aqueles que tomarem decisões erradas se afastarão cada vez mais daquilo que desejam viver. Não é uma decisão errada que constrói o que você é hoje, mas o repositório de escolhas impensadas ou inoportunas que resultaram na inconsistência da vida atual.

Como ter critérios para tomar uma decisão acertada na vida? Como ter total consciência de qual caminho seguir para identificar cada um de seus passos? Seguindo um roteiro que auxiliará você nessa tarefa de produzir uma vida de resultados.

1. Entender o problema.
2. Criar as hipóteses.
3. Utilizar a imaginação.
4. Ter clareza.
5. Aceitar a informação.
6. Iniciar a mudança.
7. Construir a ação e aceitá-la.

1. ENTENDER O PROBLEMA

Para toda e qualquer adversidade há uma solução perfeita que o fará sair ainda melhor daquele momento em que você está. Entender o problema é avaliar os motivos que o levaram àquela situação e quais são as consequências daquela realidade em sua vida; é descobrir o que é importante para você. Na maioria das vezes, as pessoas constroem um problema muito maior que ele realmente é.

Quase sempre, é muito difícil chegar a um entendimento sozinho, pois seu mapa de vida, seu ponto de vista, deverá ser alterado para não voltar à situação conflitante. O compartilhamento de ideias o permitirá visualizar soluções que outros enxergam e você não. Por isso, para algumas pessoas determinado cenário é um problema, enquanto para outras é uma oportunidade.

Se espera chegar a um novo destino, você não deve seguir o caminho de sempre. Para ter resultados novos, é preciso adotar comportamentos diferentes. Se você começar a entender que as coisas são difíceis, elas realmente se tornarão assim., mas se passar a estudar o que as torna possíveis, você descobrirá.

Assim, destrinche seu problema com o filtro necessário. Quanto mais antigo for seu mapa da vida, mais provável será atingir os mesmos resultados. Novos resultados exigirão mapas atualizados. Por exemplo, para um empresário, entender o problema é avaliar se deverá manter a qualidade do produto que fabrica ou se será preciso crescer a empresa, mesmo que isso implique reduzir o padrão daquilo que vende. Enquanto não houver entendimento do problema, não haverá possibilidade de clareza na solução.

2. CRIAR AS HIPÓTESES

Essa etapa é a oportunidade para avaliar todas as circunstâncias que ainda não foram pensadas. Quanto mais hipóteses você tiver, mais possibilidade de acerto terá. Quais valores internos possivelmente entrarão em conflito? As pessoas tomam a melhor decisão que podem, com base em seu mapa de possibilidades. Ninguém escolhe uma situação que não pensou, até porque sequer a teria imaginado. Seu campo mental não lhe proporcionaria essa escolha. Criar as hipóteses é permitir-se construir uma relação de causa e efeito em todo o problema, a fim de ampliar ao máximo seu campo de análise.

Como exemplo, para um empresário, criar hipóteses é fazer a verificação dos valores que estão colidindo na empresa; suas decisões podem estar conflitando com seus valores e interesses. Algo como: "A expansão da empresa implica a falta de tempo para minha família? Sim, pois terei de me dedicar ainda mais para a empresa, afinal terei mais funcionários, mais despesas e mais estruturas. Como posso corrigir isso? Se terei mais lucro, consigo contratar pessoas mais capacitadas para me auxiliar? Quanto terei de lucratividade com a expansão da empresa? Essa lucratividade permite contratar um bom gestor?".

3. UTILIZAR A IMAGINAÇÃO

A imaginação é uma terra fértil para validar todas as possibilidades que possam ocorrer naquele cenário de decisão. É como dar atenção e voz para uma criança dizer mais sobre aquilo que ela está pensando. Pode parecer uma alucinação, mas essa imaginação proporcionará uma solução disruptiva para sua vida. Se você deseja que alguém tome as melhores decisões, ajude-a a expandir a forma de pensar. Ninguém que pensa sempre da mesma maneira terá resultados distintos.

Este é o momento para exercer a expressão "e se...". Quanto mais possibilidade, mais assertividade. Por exemplo: um empresário pode pensar: "E se essa expansão da empresa implicar crescimento desorganizado? E se eu perder minha qualidade até então construída? E se eu não tiver competência para gerir essa expansão, o que devo fazer?".

4. TER CLAREZA

A clareza é saber o que você deseja fazer e a qual lugar essa decisão pode levá-lo. Com esse conhecimento, você saberá se possui ou não competência adequada para seguir com a possível decisão, bem como as incapacidades que levaram você a chegar a esse momento da vida. Uma decisão pode ser um ponto de problema ou uma ligação com o sucesso. Ou você fez uma coisa muito boa para ter de tomar essa decisão, ou cometeu um erro muito grande que o prejudicou. A clareza é descobrir o que o fez chegar a esse lugar e o que lhe falta para avançar ainda mais ou não recuar.

Por exemplo, para um empresário, é necessário ter clareza na facilidade para crescer, nas competências que ele precisa conquistar, nas contratações que tem de realizar, nos processos que deve instalar...

5. ACEITAR A INFORMAÇÃO

É perceber se seu comportamento foi positivo ou negativo e que alguma postura deve ser adotada para atingir um novo status na vida. Várias pessoas relutam para aceitar o momento em que se encontram. Uns enganam-se para viver em desilusão, outros ignoram a realidade para que ela não produza pensamentos reflexivos. Por exemplo: aquele que está expandindo a empresa sem qualquer respaldo financeiro sólido; o indivíduo que não reconhece o prejuízo da saúde física, mesmo estando com todos os índices desregulados;

ou a pessoa que não aceita a informação da desregulagem de sua vida. Enquanto não houver aceitabilidade, não haverá mudança, pois falta a conscientização para viver o novo.

Para um empresário que deseja ampliar a empresa, aceitar a informação é ter a consciência de que somente conseguirá crescer e expandir se fizer isso e aquilo; é perceber que, para aumentar o faturamento, ele deverá expandir a forma imaginada inicialmente.

6. INICIAR A MUDANÇA

É fazer com que sua mente rode de maneira inovadora e diferente de como pensava antes. A quebra de padrão de pensamento é o primeiro passo para a evolução. É aceitar o que não aceitava anteriormente; é concordar com o que não concordava antes; é apreciar formas e ideias que não apreciava previamente.

Para o exemplo do empresário que desejava expandir a empresa, iniciar a mudança é saber o que fará a partir de agora; é sugerir uma mudança de postura e de comportamento que não tinha idealizado anteriormente; é pensar no contador para fazer a abertura das filiais; é contratar novos funcionários; é mentalizar a instalação de novos equipamentos na sede nova; e por aí vai.

7. CONSTRUIR A AÇÃO E ACEITÁ-LA

É tomar decisão alinhada com todo o processo de mudança já formatado em sua mente. Ninguém produz nada diferente somente no campo das ideias. O mundo do pensamento sem obra é letra morta. São as ações que proporcionarão a mudança esperada.

No caso daquele empresário, é preciso gerar a contratação de funcionário; a compra ou locação da sede; fazer a alocação de estoque de produtos para a empresa filial; entre outras ações.

PRONTO PARA A PRÓXIMA FASE

*"Não olhamos para as coisas que se veem,
mas para as coisas que não se veem; porque
as coisas que se veem são temporais, mas as
coisas que não se veem são eternas."*
(2 Coríntios 4·18)

A vida é como um rio. Ele nasce de uma pequena fonte de água sem muita força e vai se acumulando ao longo do percurso, por meio de novas fontes que conhece pelo trajeto e que proporcionam mais força e vitalidade. Nas curvas, a velocidade será menor, mas os vales vão propiciar uma correnteza de oportunidades. Não é somente de curvas ou de correntezas que se faz um bom rio, mas também da diversidade de paisagem que lhe garante a resistência necessária para chegar logo a outros grandes rios ou até desaguar no oceano de oportunidades.

Quando uma pequena fonte de água nasce, ela sequer tem a consciência de que se tornará uma porção de um belo rio e depois um grandioso oceano. Contudo, ela segue o percurso para produzir tudo aquilo que pode, ou seja, levar água para muitas pessoas e então desaguar no destino final. Perceba que a água não tem a consciência da imensidão que se tornará, mas já conhece seu propósito. É isso que precisamos fazer.

Ter a clareza de objetivos e a coerência de decisões permitirá que você navegue em um rio de prosperidade. Tenha os objetivos certos e avalie as decisões adequadas para que sua conscientização da vida seja despertada a todo momento.

APLICAÇÃO
Jogo da vida

Neste momento, avalie: como seria se você vivesse um dia longe de qualquer pensamento negativo? E se você conseguisse encontrar um objetivo para sua vida? O que aconteceria se pudesse viver apenas um dia positivo e com energia plena? O que gostaria de fazer? Qual a sensação que esse dia produziria em seu corpo?

_____

_____

_____

_____

Agora, feche os olhos e imagine isso, respire e sinta. Mesmo que sua vida seja maravilhosa, permita-se viver ainda melhor.

Estamos somente no começo e temos muitas fases a avançar ainda. Entretanto, tire um tempo para comemorar, pois você já evoluiu muito em sua vida, já concluiu um nível e já está muito diferente do que quando começou. Quando estiver pronto, vire a página e seja bem-vindo à próxima fase.

CAPÍTULO 4

FASE DA DESCOBERTA: REVELANDO OS DESEJOS

*"Como cada um recebeu o dom,
que ministre o mesmo um ao
outro, como bons mordomos da
multiforme graça de Deus."*
(1 Pedro 4.10)

Uma voz aguda e distante soou no rádio de comunicação do espaço aéreo: "Jonh 2, espaço aéreo aberto, prossiga, controle absoluto. Sentido leste-oeste". Imediatamente, um helicóptero militar da Força Aérea dos Estados Unidos levantou voo para resgatar os militares estadunidenses feridos em combate na Guerra do Vietnã. Em poucos minutos, o comandante Jonh 2 avistou quatro caças que faziam a escolta para que adentrasse no espaço aéreo inimigo e realizasse o resgate da tropa de militares que o aguardava.[18]

Jonh 2 diariamente resgatava os integrantes da Força Militar Americana feridos em combate ou levava os suprimentos necessários para os primeiros atendimentos e alimentos para a tropa. Era um momento de muita confiança, disciplina, destreza e atenção. Não poderiam ocorrer falhas a bordo dos quatros caças, avaliados

---

[18] Essa é uma história fictícia, baseada em fatos reais.

em mais de 25 milhões de dólares. Ações sincronizadas deveriam ocorrer a todo momento, pois tudo era cronometrado para que nada saísse do previsto. Cada segundo era crucial para o sucesso da operação.

Essas ações foram exaustivamente treinadas, e as emoções dos pilotos eram monitoradas, pois qualquer desvio ou sinistro implicava a morte de vários militares e um forte impacto emocional em todos. Eram momentos tensos e perigosos, mas a constância sedimentou um padrão de comportamento, e assim eles sabiam como agir. O treinamento intenso era o pilar para que toda a ação tivesse um protocolo de início, meio e fim. Não havia ações isoladas nem desvio de comportamento. Cada um sabia o que o outro faria. Era como uma rede de confiança em cadeia, ou seja, sua preparação justifica minha confiança em você e meu treinamento justificava sua confiança em mim.

Para a equipe da Força Aérea dos Estados Unidos, era um propósito a ser realizado. A missão tinha o seguinte lema: "deixar a organização militar e este país melhor que eles encontraram".[19] Sempre pensavam que estavam lutando por uma nação e sua pacificação. Não havia mal maior que pensar na vulnerabilidade do país. A proteção teria de ser realizada por alguém, e que bom que eles foram os escolhidos para exercer esse papel.

Os líderes da operação militar tinham o objetivo de abrir caminhos para outros, de modo que pudessem, com confiança, evoluir e alcançar padrões maiores e melhores. Era sempre a oportunidade de construir acessos para que a cada operação obtivessem ainda mais sucesso. O foco era o conjunto de ações que produziriam um grande movimento de admiração entre todos aqueles que ingressassem na Força Aérea ou se despedissem dela. Ser um grande líder não tem a ver com imposição ou intimação, mas com a clareza do propósito que norteia a ação.

---

[19] SINEK, S. **Comece pelo porquê**: como grandes líderes inspiram pessoas e equipes a agir. Rio de Janeiro: Sextante, 2018, p. 119.

Certo dia, a aeronave que Jonh 2 pilotava decolou às 8h23 para resgatar três militares que tinham sido atingidos. A operação seguiu todos os protocolos prévios e, em menos de cinco minutos de voo, um grande barulho foi ouvido dentro da aeronave. O copiloto olhou para o lado e viu muito sangue espalhado por todo o painel. Um disparo acertou o comandante Jonh 2, atravessando o pé direito e gerando a desorientação da aeronave. A base foi imediatamente comunicada, e o único recurso foi pousar em solo inimigo. Momentos de muita tensão tomaram conta de todos que estavam na operação enquanto aguardavam o resgate. Em poucos segundos, outra aeronave decolou para proceder o resgate da equipe de Jonh 2. Logo, todos já estavam na base militar para realizar os atendimentos médicos. Passados quatro meses desse fato, Jonh 2 já estava novamente em operação, realizando aquilo de que mais gostava: deixar a organização militar e seu país melhor que encontrara.[20]

O que leva um piloto da Força Aérea dos Estados Unidos a arriscar sua vida e realizar diariamente operações extremamente perigosas, envolvendo descarga emocional e tensão? É um grau de desafio e exigência muito alto, certo? Por que as pessoas que leem a história se sentem aflitas com a situação, mas, para o piloto, é somente uma realização intensa e prazerosa? Por que esse contraponto ocorre em nossa vida?

A justificativa é ter clareza do propósito que estamos cumprindo. O piloto é alguém que já conhece seus maiores objetivos e desejos e, portanto, consegue calibrar suas ações para alcançá-los. Não podemos perder de vista o que almejamos, tampouco conseguimos ver a figura completa se não estivermos dispostos a isso. As pessoas fazem o que fazem quando veem sentido naquilo. Somos movidos pela emoção e por aquilo que tem coerência com o que desejamos viver. Quando estamos sincronizados com nosso propósito, não vivemos o que não se alinha com nosso desejo.

---

[20] Ibid., p. 121.

Quando voltamos à nossa metáfora da autoestrada, a fase da descoberta é representada pelo acostamento. Ou seja, quem está ali já entendeu seu lugar e está buscando o verdadeiro objetivo para se colocar em movimento. É a oportunidade para avaliar se seus objetivos estão coerentes com a vida que deseja viver; se os meios disponíveis são aptos para atingir sua meta; e se os esforços são condizentes com sua disposição para conquistar o que deseja. É a maneira de se aferir a situação atual, a meta estabelecida, o percurso idealizado e as ferramentas disponíveis. Na fase da descoberta, calculamos e medimos a todo momento as possibilidades, os possíveis progressos e os recuos.

Se você não tem clareza de seu objetivo de vida e não sabe o motivo por que ainda não faz o que pode lhe trazer muitas realizações, este capítulo é para você. Ao final dele, você estará pronto para se despedir do acostamento, pois já terá traçado todos os seus objetivos de vida e conseguirá conciliar um equilíbrio na busca de sua realização pessoal, dispensando quaisquer sinais de tédio ou estresse, dois grandes inimigos para quem quer encontrar seu objetivo de vida.

Agora, então, vamos gerar conscientização de alguns comportamentos, desvendando os motivos pelos quais algumas pessoas presenciam o tédio ou o estresse. Imagine quem não tem motivação para desempenhar as atividades cotidianas. É como ir ao trabalho e ter a capacidade para fazer relatórios extremamente elaborados ou planilhas de custo financeiro de toda uma companhia, mas ter a tarefa diária de acompanhar a leitura de documentos que não fazem nenhum sentido para você. Em poucos dias, você vê sua vida como um grande tédio. Tudo o que deseja é sair daquele ambiente. Não se sente valorizado, mas, sim, subutilizado.

Agora imagine o inverso, ou seja, sua competência para a realização de tarefas no trabalho é muito limitada e você pode fazer apenas breves apontamentos e resumos do que ocorreu em uma reunião, mas sua chefia exige que produza relatórios detalhados e os apresente para toda a equipe supervisora. Isso gera um desgaste imenso e um consumo de energia tão intenso que sua vontade é somente ir embora daquele lugar. Então, vem a conclusão de que eles querem muito mais do que você pode oferecer. Terá de ter atenção extrema e dedicação acirrada para fazer um trabalho abaixo da média, pois sua competência para tal atividade é pequena.

Avalie agora os momentos de tédio ou estresse que acontecem em sua vida. Por diversas vezes, você deve ter se perguntado: "Por que estou estressado? Por que estou sentindo esse tédio?". Esses contrapontos serão apresentados nas próximas páginas, e você terá a oportunidade de fortalecer um objetivo muito claro para seguir diariamente, produzindo sentido e valor para você, até que se sinta pronto para a próxima fase. Afinal, como ocorreu com o comandante Jonh 2, quando se tem um objetivo definido e uma clareza de propósito, há um alinhamento em sua vida para a colheita da prosperidade e da abundância, não importa o que aconteça.

Vamos lá?

GERANDO CONSCIENTIZAÇÃO

"Porque para todo o propósito há tempo e juízo;
porquanto a miséria do homem é grande sobre ele."
(Eclesiastes 8·6)

Escuto diversas pessoas dizerem que o que elas mais desejam na vida é ter liberdade. Liberdade é a capacidade de agir em prol daquilo que queremos; é a possibilidade de gerar mais oportunidades de viver o que importa para nós; é a permissão pessoal para fazer o que desejamos, independentemente dos obstáculos estabelecidos. E, nesse processo de descoberta, a liberdade nos encurrala para decidirmos entre caminhos que podem nos levar a um lugar positivo ou a um pensamento escravizador.

Podemos gerar criatividade e inovação em nossas atividades ou podemos ficar cada dia mais enclausurados e sem saída, pois nossa decisão nos levou a ser um servo de nossa história. Nós já conversamos sobre isso: uma decisão pode mudar sua vida.

Quantas pessoas sonham em juntar dinheiro para conquistar a liberdade financeira? A dificuldade é que, sem perceber, a tão desejada liberdade financeira as fizeram ser escravas do dinheiro, não lhes permitindo que desfrutem daquilo que as faz se sentirem realizadas.

Um casal que admiro muito estava na fase inicial do casamento e resolveu adquirir a casa própria. Para isso, um processo de economia financeira foi iniciado. Em comum acordo, o casal de amigos traçou uma meta de arrecadação para que o sonho fosse realizado, mas, com o tempo, eles notaram que ela não estava sendo cumprida e passaram a fazer uma verificação mais intensa para que a métrica fosse observada. Alguns meses depois, perceberam que a meta tinha sido atingida e que poderiam aumentar um pouco a arrecadação para comprar a casa antes do previsto. Passados alguns meses, o recurso financeiro planejado continuava sendo arrecadado, mas a relação do casal já não era a mesma. Percebi que havia irritabilidade entre eles, inquietude e falta de prazer em fazer algumas coisas, pois o pensamento estava voltado somente para a arrecadação dos recursos financeiros. Durante longos meses, fizeram restrição de coisas que não poderiam fazer, com o propósito de atingir a meta. Passeios foram cancelados, jantares foram excluídos, viagens foram ignoradas... Aos poucos, uma barreira social foi estabelecida a fim de favorecer apenas o assunto da liberdade financeira, deixando todo o resto de lado.

Ao final de quase dois anos, o casal entendeu que deveria se separar, pois os ideais e os assuntos já não eram os mesmos e o clima entre eles estava muito ruim. Cada um tomou a decisão de independência e procederam com a separação.

Esse relato não é para desencorajá-lo a fazer sua reserva financeira, hein? Ao contrário, quero ressaltar que buscar um sonho sem qualquer medida ou parâmetro pode ser o elemento escravizador que você tanto repudia. Os movimentos da vida são lentos e inconscientes. Um barco não afunda com apenas um trincado em seu casco. Ele naufraga pela ausência de manutenção no momento adequado. Por isso, a fase da descoberta é tão importante: precisamos ter clareza de nosso objetivo, nossas prioridades e também do que podemos fazer para alcançá-los sem abrir mão de outra coisa igualmente importante.

Certa vez, um amigo me disse que estamos na situação que desejamos estar. Naquela ocasião, fiquei intrigado com a afirmação e não concordei. Pensei que algumas situações trágicas nos levam a momentos que jamais desejamos. Então, ele perguntou: "Qual foi a atitude anterior ou o conjunto de ações que levou essa pessoa para aquele lugar?". Na sequência, ele disse que alguém que está com dificuldade financeira não fez a gestão adequada de seus recursos; uma pessoa que desejava ter uma vida financeira melhor não fez renúncias no passado, como: ler livros em vez de assistir à televisão, fazer cursos em vez de sair com os amigos, comprometer-se e entregar-se em seu trabalho em vez de fazer somente o básico, não ter levado tão a sério a faculdade, ter colado nas provas em vez de ter estudado, pedir aconselhamento a quem não devia, trair o parceiro, contratar alguém sem checar as referências, casar-se com alguém sem conhecer bem a pessoa, fazer compras em excesso...

Veja que o poder da escolha em sua vida determina os rumos que você percorrerá e, principalmente, o lugar em que está nesse momento ou em que estará amanhã. Isso se chama autorresponsabilidade.[21] Nada do que você vive é culpa ou responsabilidade do outro, mas somente sua. Isso parece preocupante, mas, na verdade, é um

---

[21] VIEIRA, P. **O poder da autorresponsabilidade:** a ferramenta comprovada que gera alta performance e resultados em pouco tempo. São Paulo: Gente, 2018.

grande poder. Afinal, cada um é responsável por suas escolhas, e podemos direcioná-las para o caminho correto.

MJ DeMarco fez uma reflexão muito pertinente ao dizer que ninguém escolhe ser ignorante, desinformado, desrespeitado ou pobre. O que ocorre é que tomamos decisões que nos levam a isso, apesar de repudiarmos tanto o resultado. São as decisões com soluções fáceis que nos direcionam para onde não desejamos e são conhecidas como atalhos traiçoeiros.[22]

Os atalhos traiçoeiros são aqueles que imprimem uma satisfação imediata e com alto grau de convencimento. Você fica tão seduzido em fazer aquilo que ignora todas as consequências negativas. Parece tão mais rápido pegar esse atalho que você chega a pensar que nem vale a pena sair do acostamento. O que o seduz pode ser a pressão social, a aprovação social, o prazer do desfrute imediato, a vontade de se afastar de alguma dor ou mesmo a necessidade de reconhecimento pessoal. Quanto mais atalhos traiçoeiros estiverem presentes em sua vida, mais distante você estará de seus sonhos e seus objetivos, causando danos irreparáveis.

Isso permite concluir que seus pensamentos exercem papel fundamental em suas ações, porque sua atitude é germinada em sua mente, seu pensamento, que determina a energia para toda a atividade que pretende desenvolver. As pessoas não agem de maneira impensada, mas pelo repertório de assuntos que estão armazenados em sua mente – como conversamos nos capítulos anteriores. O que você coleciona de informações será o combustível para toda e qualquer atitude que for realizar. Nosso corpo é como uma máquina que, quando calibrada corretamente, funciona de maneira natural e mais simples. Ele sempre buscará o que faz mais sentido naquele momento. Se seus pensamentos são construtivos, sua mente construirá atitudes e sentimentos construtivos. O inverso também é verdadeiro.

---

[22] DEMARCO, MJ. **A via expressa dos milionários**: desvende o código da riqueza e viva rico por uma vida inteira. São Paulo: ML Empreendimentos Digitáis, 2011, p. 199.

Como encontrar o que você busca na fase da descoberta? Estando atento à vida, às decisões e às conquistas. Para que possa policiar seu comportamento, todo ajuste de sua vida deve passar pelas seguintes etapas:

1. Ignorância.
2. Resistência.
3. Ação.

O resultado desse processo será uma descoberta que vai gerar conscientização para traçar objetivos e ter equilíbrio entre o estresse e o tédio, permitindo que você comece a acelerar na autoestrada da vida. É a dose certa que lhe proporcionará o alinhamento de sua vida para viver aquilo que mais deseja. No instante em que você superar a ignorância daquilo que desconhecia, quebrar a resistência que o impede de agir e agir corretamente em prol de seu objetivo, estará pronto para gerar tração em sua vida e conquistar os mais ousados desejos.

1. IGNORÂNCIA

"E não sede conformados com este mundo, mas
sede transformados pela renovação da vossa
mente, para que experimenteis qual é a boa,
agradável e perfeita vontade de Deus."
(Romanos 12:2)

A ignorância do problema é uma fase comum e justificável. Ninguém resolve aquilo que desconhece, lembra? Ninguém supera medos que nunca percebeu. E, quando os problemas são revelados, para muitos surge a insegurança do errar. Em razão desse medo, comete-se mais falhas, mesmo que com boas intenções. A ignorância é a alma invisível que leva você para caminhos que não deseja viver, mas cujos passos que estão sendo dados desconhece.

Durante muitos anos, ignorei que eu tinha pensamento de escassez em minha vida. Frequentava restaurantes, lojas, hotéis e shopping e sempre avaliava o valor de tudo, mas, em diversos momentos, sequer entrava em uma loja. Não me sentia capaz de estar naquele lugar ou mesmo pagar aquela conta. Comprar qualquer roupa ou mesmo presente para mim era algo difícil. Percebi que a escassez estava relacionada ao não merecimento, ao não pertencimento, à possibilidade de perder, ao não querer comprar determinada coisa com a crença de que o dinheiro acabaria a qualquer momento. Isso cultivava em mim um sentimento de incapacidade, de impossibilidade. Claro que isso não significa que as pessoas devem esbanjar ou mesmo ter um descontrole financeiro, mas você entende como o oposto também é ruim? Ter equilíbrio para fazer o desfrute da vida, na medida da real possibilidade, é a chave para uma vivência no presente e com olhar para o futuro.

Eu jamais tinha percebido que essa crença limitante de escassez estava presente em minha vida, até que um dia, viajando com minha esposa, fomos fazer um curso no estado de São Paulo. Ao procurar um hotel, acabei reservando aquele que tinha o menor custo. Ao chegar no endereço, descobri que ele ficava a mais de duas horas do local do evento, justamente porque meu critério foi o valor, e não a facilidade. Nessa fase da vida, tinha condições financeiras para me hospedar nos melhores hotéis em São Paulo, mas não admitia gerar conforto para mim em razão do custo financeiro. Sei que tudo isso tem uma causa no que eu vivi no passado e registrei na mente como bloqueio mental, mas aqui quero lhe mostrar que a ignorância e o desconhecimento não permitem que você decida sua vida pautado em informações relevantes.

Quando pequeno, sempre desejei romper minha camada social e ter acesso a informações, conforto, entretenimento, conhecimento e lugares que o dinheiro poderia proporcionar. Não era ingratidão, mas inconformismo com minha situação no momento e que impedia o desfrute que eu julgava adequado. Com o tempo, mesmo com melhor condição financeira sempre ouvi que o dinheiro acaba e que, se não tomar cuidado, perde-se tudo. Como já tinha estabilidade financeira, minha preocupação era não perder aquilo que havia conquistado;

para isso, tinha de preservar tal patrimônio. Você percebe que antes eu não desfrutava porque não possuía, e depois passei a não desfrutar por medo de acabar? Essa é uma mente que vive na ignorância, que não descobriu o que busca. É o que acontece quando você toma decisões com base em ilusões.

É como se você estivesse navegando em um rio com um pequeno barco e acreditasse estar desfrutando do melhor da vida. Você escuta barulhos muito próximos do lugar em que está, mas, ainda assim, continua apreciando o passeio. O som fica cada vez mais forte e você segue navegando no rio e contemplando a natureza. De repente, vê pessoas na margem do rio gritando para que você saia da água, mas pensa que elas só estão fazendo isso porque não podem viver as mesmas oportunidades que você. O tempo passa e essas pessoas continuam gritando, e você estabelece uma barreira para não as ouvir e não prejudicar o passeio. Até que alguém que você admira muito se aproxima da margem do rio e acena para que você saia daquele lugar. Ele gesticula para você remar contra a correnteza e sair do rio. Os gritos já não são mais ouvidos, pois o barulho das águas já é muito alto.

Nesse instante, você levanta a cabeça para verificar o que tem ao seu redor. E, quando menos espera, enxerga uma imensa queda-d'água a poucos metros de distância. Seu barco vai despencar em uma cachoeira de mais de 50 metros e, com certeza, a queda será fatal. Não há mais nada a fazer, pois a velocidade do rio é muito intensa e você não tem mais recursos para sair daquele lugar. Quase sem esperanças, um amigo lança uma corda e, com muito esforço, um grupo de pessoas consegue amarrá-la em uma árvore próxima e, aos poucos, puxar lentamente o barco para a margem do rio. Por um triz, tudo seria diferente.

A ignorância é isso. Desconhecemos os lugares em que estamos, como falamos no capítulo anterior, e fechamos os olhos para o "diferente". Não ouvimos as vozes do socorro e rejeitamos as propostas de ajuda, simplesmente por não querermos enxergar a queda iminente.

FASE DA DESCOBERTA: REVELANDO OS DESEJOS   105

Tudo porque sempre acreditamos que estávamos certos, acima da fase de identificação e descoberta. O que importa na vida não é estar certo ou errado, mas compreender o ponto de vista das outras pessoas para obtermos mais habilidade, conhecimento e confiança. Quem tem mais informação lidera a todos, pois a realidade se amplia e lhe permite enxergar coisas que os outros ainda não viram.

Atualizar o mapa da vida, como dito anteriormente, é uma necessidade para gerar transformação. Ninguém compreenderá a esposa ou o marido se não compreender como ele ou ela pensa; ninguém entenderá o chefe se não compreender como ele pensa; ninguém entenderá o filho se não compreender o que ele deseja. Na vida, é necessário compreender para ser compreendido. Só assim conseguimos convencer quem quisermos, pois passamos a entender as objeções de nosso ouvinte. Atualizar o mapa de vida e deixar para trás pesos do passado são essenciais para se conectar com as pessoas, ter novos comportamentos e agir rumo a uma vida próspera. Vale repetir: é impossível mudar de vida sem mudar de atitude.

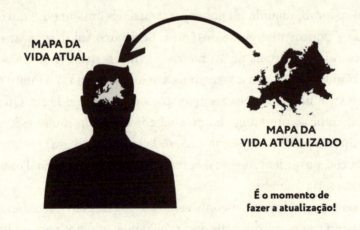

Imagine que você vai ao oftalmologista. Ao chegar lá, o médico apenas olha para você e, sem ao menos examinar seus olhos, emite uma receita para o uso de óculos indicando o grau da lente. Surpreso, você pergunta se ele não vai examiná-lo, e o médico responde que a experiência dele permite identificar, em um breve contato com o paciente, o grau ideal. Inconformado, você conta a situação para um amigo, que comenta: "Isso é muito estranho. Como você vai utilizar óculos com o grau ideal se não sabe qual é o problema?".

Veja que a ignorância do problema impede que uma escuta ativa seja gerada. Escuta ativa é você estar atento a tudo o que ocorre ao seu redor, dar atenção a quem está ao seu lado. E há um fator ainda mais importante: a escuta empática, isto é, não apenas ouvir o problema ou as pessoas que estão com você, mas também se comprometer a apresentar uma solução para elas. É a importância de você fazer perguntas, buscar uma resposta ou mesmo se permitir mudar de ponto de vista.

O que muitas pessoas fazem é exercer uma escuta que ignora tudo aquilo que os outros estão dizendo, justamente porque está contrário ao seu ponto de vista. Por isso, preferem colocar um cadeado nos ouvidos para que não recebam influências externas sobre algo novo. Há ainda aqueles cuja escuta é seletiva, isto é, somente escutam aquilo que tenha correlação com o que pensam. A dificuldade é que você nunca se permitirá evoluir, pois os resultados diferentes que deseja estão no comportamento que você ainda não adotou e no pensamento que não se permite ter. Se nunca mudar seu ponto de vista, ou seja, atualizar seu mapa mental, jamais atingirá a prosperidade que busca.

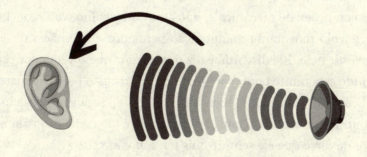

FASE DA DESCOBERTA: REVELANDO OS DESEJOS

Em vários momentos, sua esposa deseja apenas ser ouvida; seu filho deseja apenas sua atenção; seu chefe deseja apenas mais comprometimento; seus pais querem apenas mais disciplina e perseverança. O que seu ouvinte deseja de você? A escuta empática e ativa é o primeiro passo para romper a ignorância e caminhar na fase da descoberta.

2. RESISTÊNCIA

"Para cada coisa há um tempo, e um tempo para todo o propósito debaixo do céu." (Eclesiastes 3.1)

Você já viveu a cena de conversar com um amigo e tudo o que gostaria de dizer era que ele estava fazendo uma grande bobagem? O comportamento diário dele o levava para um caminho sem volta e de completa degradação moral, financeira ou social. Quando você tentava alertar seu amigo do erro, ele dizia que você não entendia nada daquele assunto. Alguns já até ouviram a frase: "Você está dizendo isso porque nunca sentiu o que eu senti". Ou pior: "Você nunca teve a oportunidade que eu estou tendo e não deseja que eu viva isso".

Isso se chama resistência. Nós costumamos não concordar com aquilo que não somos capazes de enxergar, mesmo que alguém esteja disposto a mostrá-lo. Cada pessoa vê somente aquilo que se permite enxergar, sem se permitir sonhar com o que entende não ter a capacidade para realizar. São os limites de cada um.

Imagine que você seja um mecânico e seu amigo venha mostrar um lindo carro que deseja muito comprar. Ele pede que você avalie as condições de mecânica e, após muito trabalho, você conclui que o veículo tem muita manutenção pendente e que não vale a pena investir nele. Ele discorda e diz que o valor que o vendedor está pedindo está muito bom. Você justifica que o custo para os reparos implicará um valor muito mais alto e que tudo será compensado. Para contra-argumentar, o amigo diz que não é tão fácil encontrar aquela cor de carro que ele sempre quis ter. E por aí vai...

Uma pessoa assim somente compreenderá o que você diz se ela mudar o próprio ponto de vista e passar a enxergar o problema da maneira pela qual você também enxerga. Caso contrário, tudo o que você disser não passará de discurso para ninguém ouvir.

Como desbloquear a resistência e gerar o novo entendimento? Fazendo perguntas. São as perguntas que farão esse amigo alterar o ponto de vista e refletir adequadamente sobre o problema que ele está vivendo. Para que as pessoas alterem a própria opinião, elas devem enxergar os mesmos problemas que você. Lembre-se: resultados diferentes exigem comportamentos diferentes. Pensamentos diferentes são gerados por meio de pontos de vistas diferentes. E, para termos acessos a eles, precisamos estar abertos para tal.

No caso desse amigo, você pode apresentar a melhor argumentação do mundo. Mas, se ele não estiver apto a mudar o ponto de vista, nada fará efeito. Afinal, ele já tem uma opinião formada. Para que essa alteração aconteça, ele deverá liberar os bloqueios da mente para que um novo entendimento seja construído e formatado. Isso só acontece se gerar um ponto de reflexão. As reflexões são construídas quando você tem a necessidade de responder a perguntas. E quanto mais vivência, mais facilidade para encontrar a resposta ideal. Já ouviu alguém dizer: "Nossa, que ideia genial! Nunca tinha pensado nisso"? Isso é o resumo, em palavras, da mudança de ponto de vista de alguém.

Vamos ver um exemplo. Já ouvi diversos relatos sobre a opinião dos pais ser ignorada pelo filho adolescente, pois este acredita que ela não vale nada, ainda que muito bem fundamentada. Como o nível de vivência desse jovem ainda é muito restrito, ele não tem maturidade para identificar pensamentos de sequestros, ou seja, aqueles que o impedem de reconhecer que a opinião da outra pessoa é melhor. Nesse círculo vicioso, a mente se sabota a todo momento, dizendo que o ponto de vista do outro está errado; trata-se de um diálogo interno condutor, pois direciona o indivíduo para aquilo que ela sempre acreditou. Em diversas oportunidades, a escuta empática não acontece por culpa do diálogo interno.

A melhor saída é fazer essa pessoa imaginar a vivência daquela situação. Veja só: você somente poderá tomar uma decisão de um grande empresário se você for um empresário ou pensar como ele, certo? Isso porque utilizará os critérios adequados para balizar e direcionar o pensamento.

No caso do mecânico, ele deveria fazer as seguintes perguntas para estimular o pensamento do amigo: Como seria se você comprasse esse carro e tivesse de trocar a correia dentada e a bateria? Se precisasse substituir essas peças, o valor sentimental desse veículo continuaria o mesmo? Como você se sentiria se esses reparos fossem necessários? Você já imaginou quanto tudo custaria? O que aconteceria se você tivesse de fazer esse investimento de manutenção não previsto? A importância da cor do carro é maior que ter de gastar mais de R$ 10 mil em manutenção preventiva?

Essas perguntas permitem que o amigo enxergue um cenário que ele ainda não percebeu e que você já está visualizando. Isso são técnicas de um metamodelo de programação neurolinguísticas.

3. AÇÃO
"O Senhor fez todas as coisas para si; sim, até o perverso para o dia do mal." (Provérbios 16:4)

Agir é gerar um movimento em prol de algo que faça sentido para sua vida; é mudar a inércia para uma atitude proativa que tenha relevância para você; é gerar coerência do que você faz com aquilo que deseja viver. Não faz sentido querer uma vida saudável e ingerir bebidas alcoólicas diariamente, fumar demasiadamente, comer enlatados em excesso, não praticar atividade física... Concorda?

A grande dificuldade é ter constância em determinada atitude ou comportamento sem um grande propósito. Ninguém alinha comportamento se não tiver clareza e entendimento. Ninguém deixa o acostamento se não sabe para onde a autoestrada o levará. Ninguém parte rumo a seus objetivos de uma vida próspera sem descobrir os desejos.

O hábito, por exemplo, é um conjunto de atitudes realizadas de maneira repetida e automática. Seus pensamentos impulsionam a fixação desse comportamento várias vezes. São estímulos motores e físicos que condicionam sua realização.

Sabe como se forma um hábito em sua vida? Por meio de quatro passos: estímulo, desejo, resposta e recompensa. Imagine que você está com frio porque o ar-condicionado da sala está com a temperatura muito baixa. Isso é um estímulo. Seu corpo vai gerar um desejo de buscar um casaco pensando que ele poderá aquecer seu corpo. Logo, provocará uma resposta para buscar esse casaco com a finalidade de se aquecer e conseguir melhor conforto térmico. Por fim, você terá a recompensa: o conforto naquele local.

Quando avaliamos a formação biológica e fisiológica da instalação de hábito em nossa vida, fica evidente que o corpo concilia pensamentos, ações e resultados de maneira tão sútil que sequer percebemos. Por isso, realizamos coisas que não notamos ou que são contrárias àquilo que verdadeiramente desejamos.

As ações de cada um explicam por que existem pessoas reativas e pessoas proativas. Imagine que você chega ao trabalho e, logo na entrada, encontra aquele amigo que todas as manhãs reclama de ter de acordar cedo e da falta de tempo para tomar café da manhã, discute o que viu no noticiário da noite anterior, fala que a economia do país vai colapsar em razão dos sinais econômicos no mundo, queixa-se que o salário está muito baixo e que não tem um reconhecimento da liderança para aumentar sua remuneração. Em contrapartida, você está plenamente feliz e agradecido pela noite de sono, pelas mais de trinta páginas que leu antes de se deitar, pelo relatório extenso e fundamentado que entregou no trabalho, pela conversa profunda e envolvente que teve com sua esposa, pela atividade física que já fez pela manhã e pela confiança depositada por sua gestora ao lhe pedir que elabore um novo relatório.

As pessoas reativas constroem pedágios e barreiras na autoestrada da vida e se recusam a viver de maneira saudável, acreditando que não vale a pena dar um passo para fora do acostamento. Elas alimentam um hábito ruim e usam a etapa da ação de maneira errada. Os olhos estão voltados apenas para as dificuldades e para os problemas. Não conseguem perceber que o próprio discurso é incompatível com uma vida de abundância e, principalmente, que os resultados são frutos de um bloqueio de produzir mais e melhor todos os dias.

Por outro lado, uma pessoa proativa também não está atenta aos sinais de execução que está gerando, mas os resultados são inevitáveis porque ela planta e colhe frutos diariamente por causa de sua postura de vida. Ela sintoniza na frequência de sua capacidade de produzir ainda mais resultados e acelera rumo ao destino. É como se estivesse zelando para que toda a sua potência fosse canalizada para a zona de crescimento. Não há oportunidade para visualizar o lado negativo da vida, até porque devemos corrigir imediatamente o que nos prejudica para produzir o que nos abunda.

O colega de trabalho mencionado anteriormente está atuando na zona da preocupação, construindo um castelo de dificuldade e buscando mais do que ele não quer. O nível de obrigação que impõe a si mesmo é muito superior ao que ele pode carregar, mas seus olhos não são capazes de enxergar isso. Por outro lado, você está atento a seu nível de influência sobre as coisas, ou seja, tudo o que pode modificar ou alterar está de acordo com suas possibilidades. Sobre o restante, não há como você exercer qualquer ingerência sobre isso; consequentemente, sua influência será zero. Então, para que se preocupar com as dificuldades? As pessoas que se aborrecem com a chuva, o sol, a taxa de inflação, a taxa de juros, a crise mundial estão aniquilando o próprio tempo com preocupações reativas que não oferecem qualquer possibilidade de mudança. Mas aquelas que estão incomodadas com o salário, os resultados e a saúde passam a ter influência sobre aquilo que desejam viver. Assim, vão atrás de uma solução, e esse comportamento proativo trará a colheita dos objetivos que almejam.

Sabe o que lhe permite ter consciência do que exerce influência em sua vida? Ter um objetivo de vida muito definido. E agora eu pergunto: Como você age em prol de algo sem entender exatamente o que ele é? Como pode se sentir preparado para seguir seu sonho se ainda falta descobrir o presente? O relato que vimos no início deste capítulo sobre o caso do John 2 reflete os objetivos claros, pontuais e evidentes que o comandante estabeleceu para gerar atitude diária de convencimento para aquilo que ele desejava. Isto é, ele tinha como propósito deixar a organização militar e seu país melhor do que encontrou.

APLICAÇÃO
Jogo da vida

A descoberta do que você deseja produz clareza de propósito e dos objetivos de sua vida. Isso permitirá a conscientização do que está vivendo hoje; desse modo, poderá fugir daquilo que vai contra esses desejos.

Como seria se você tivesse clareza de propósito e objetivo de vida definidos? Imagine-se exercendo o poder de decisão de cada caminho que deseja seguir. Isso é autorresponsabilidade. Você está preparado para produzir essa transformação em sua vida?

_____

_____

_____

_____

_____

_____

_____

_____

Você já pensou por que faz o que faz? Toda decisão está fundamentada em algum desejo. Quais desejos você está cultivando com cada escolha que faz?

✓ Você já passou pela fase de identificação, pois o desconhecido não faz mais parte de sua vida e não pretende voltar para a calçada.

✓ Você também já sabe como descobrir seus desejos e, consequentemente, está cada vez mais próximo de deixar o acostamento.

✓ Você já conhece sua realidade, suas limitações e seus pontos fortes e já consegue vislumbrar o grande objetivo de vida.

Então, é hora de passar para a próxima fase e, finalmente, começar a acelerar na autoestrada da vida.

CAPÍTULO 5

FASE DA CORAGEM: TOMANDO AS DECISÕES CERTAS

*"E há diversidade de operações,
mas é o mesmo Deus que
opera tudo em todos."*
(1 Coríntios 12·6)

Assim como John 2, que acordava todos os dias sabendo o que tinha de fazer e gerava a força necessária para que seu objetivo de vida fosse construído, podemos citar a história de Santos Dumont. Inventor engenhoso, nascido em Minas Gerais, Dumont se tornou o pai da aviação. Completamente apaixonado por novas ideias, ele foi responsável por várias invenções, mas seu sucesso mais conhecido é o 14-bis, denominado o primeiro avião da história.

Poderíamos citar a história do sr. Honda, de Martin Luther King Júnior e de diversas outras pessoas. O que havia em comum entre todas elas? **Todos tinham um objetivo muito claro para buscar aquilo que mais desejavam.** Acordavam pela manhã com intenção, direcionamento e nitidez para fazer o que queriam. Espero que até aqui você também já tenha descoberto seu objetivo, agora vamos aprimorá-lo. Chegou a hora de se colocar em movimento, de sair do acostamento e começar a dirigir na via lenta. Essa é a terceira fase de nosso jogo da vida, e ela exige coragem.

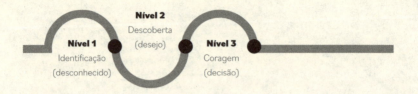

Para que você tenha consciência da vida que deseja viver, é imprescindível identificar o desconhecido por meio da revelação de suas crenças limitantes, medos e incapacidades, abordados anteriormente. Depois, surge o desejo pelo que você quer viver, oportunidade em que fará uma reflexão interna e calibrará todos os seus sonhos, ou seja, calculará a medida e a extensão de seus valores e das realizações a serem atingidas. Então, chega a vez de ter coragem e decidir pela vida de prosperidade que você tanto almeja!

E como fazer isso? Bom, agora que você já sabe para onde quer ir, precisamos descobrir como chegar lá, ou seja, como colocar seus planos em ação. Por isso, trataremos, agora, os três elementos essenciais para que seu objetivo de vida esteja pronto para ser colocado em prática.

MOTIVAÇÃO + ACREDITAR + COMPETÊNCIA
=
RESULTADO IMPARÁVEL

MOTIVAÇÃO

"Abençoado é o homem que resiste a tentação; porque, tendo sido posto à prova, receberá a coroa da vida, que o Senhor prometeu aos que o amam."
(Tiago 1:12)

Há uma história muito oportuna sobre dois pedreiros que estavam trabalhando na mesma obra. Para um deles, foi perguntado se ele gostava do emprego, ao que respondeu: "Estou construindo esta parede desde que me lembro. O serviço é monótono. Trabalho o dia inteiro sob um sol muito forte. As pedras são pesadas para carregar e dia após dia minhas costas sofrem muito. Nem tenho certeza se esse projeto será concluído enquanto eu estiver vivo. Mas é um emprego. Pagam-se as contas".[23]

Alguns metros adiante, outro pedreiro foi interrompido e recebeu a mesma pergunta. "Eu adoro meu emprego. Estou construindo uma catedral. Claro que estou trabalhando nesta parede desde que me lembro e sei que o serviço às vezes é monótono. Trabalho o dia inteiro sob um sol muito forte. As pedras são pesadas e carregá-las o dia todo pode acabar com minhas costas. Nem tenho certeza se esse projeto será terminado enquanto estiver vivo. Mas estou construindo uma catedral."

Qual é a diferença entre essas duas pessoas que fazem diariamente a mesma atividade profissional e executam as mesmas tarefas? O nível de motivação gerado. É o senso de clareza da vida e consciência do que está fazendo. É um olhar mais amplo e periférico de sua vida e de seus planos. É o reconhecimento de pertencimento e de satisfação para aquilo que está executando naquele momento. O segundo pedreiro não permite que pensamentos de inferioridade ou de egoísmo tomem conta de seu coração, pois tem muito bem definido o que faz sentido para ele naquele momento. As palavras ditas pelos dois foram semelhantes, inclusive as dificuldades relatadas por ambos foram iguais, mas o grau de envolvimento e pertencimento foi muito distinto. Para um existia propósito e valor no que estava fazendo; já para o outro, era apenas uma atividade de rotina.

Você já deve ter se perguntado onde está a motivação para fazer aquilo que deseja. Essa palavra significa um *motivo para a ação*, isto é, são as razões que encontramos para fazer algo que nos leva além. Se desejo um casamento feliz e estável, tenho de construir um motivo para isso. Se desejo uma promoção profissional, tenho de ter razões para trabalhar e conseguir.

---

[23] SINEK, S., *op. cit.*, p. 107.

Algumas pessoas acreditam que a motivação tem de ser algo grandioso ou que será atingida somente ao final da vida. Mas não é isso. Os motivos são identificados a partir de cada coisa que você deseja durante o percurso. Tenho diversos motivos que me impulsionam para uma vida melhor a cada dia. Não basta tê-los se você não sabe o que deseja, certo? Isso é autoconhecimento, é coragem, é apertar os cintos e começar a andar na via lenta. As pessoas sabem o que não querem, mas desconhecem o que desejam por falta de reflexão. Arrumam tempo para assistir a uma série de 56 capítulos, mas não encontram alguns minutos para refletir sobre a vida. Passam horas no celular analisando os conteúdos das redes sociais, mas não olham para si.

Saiba que a motivação será o combustível para avançar diariamente. Eu leciono voluntariamente para crianças na rede pública municipal. Qual é a minha motivação para isso? Eu quero que tenhamos crianças melhores no futuro, que consigam produzir um mundo melhor para elas próprias e para nossos filhos, que tenham uma habilidade nova de inteligência intra e interpessoal, que saibam reconhecer as oportunidades, que tenham maturidade emocional apta para conduzir os pensamentos e os desejos.

Eu realizo atividade física diariamente, sem exceção. O que me motiva a fazer isso? Quero ter qualidade física e mental para que eu possa fazer tudo o que desejo; quero que todos os hormônios do prazer e da felicidade sejam liberados em meu organismo para que eu tenha mais criatividade, positividade e inovação em minha mente; quero ter uma boa condição física para balançar, correr, pular corda e jogar bola com meus filhos; quero ter uma velhice na qual a condição física não será um impeditivo.

Certo dia, recebi a ligação de um amigo e, no decorrer da conversa, ele me disse: "Mas, Angelo, do que adianta isso se você não sabe se você chegará à velhice? O ideal é aproveitar tudo o que pode agora". Naquele instante, percebi quão distintos eram nossos pensamentos e o volume de atalhos traiçoeiros que ele estava tomando. Tive a certeza de que contamos histórias diariamente para nós, com a finalidade de arrumar uma desculpa para o que temos medo de fazer.

Esse amigo, como diversas outras pessoas, não busca motivos para fazer o que necessita; pelo contrário, ele busca argumentos e motivos para não fazer. Você sempre encontrará motivos para justificar seus comportamentos, a diferença é que tudo está no poder de escolha. Você escolherá se aproximar daquilo que deseja e gostaria de viver ou escolherá se aproximar daquilo que viverá porque não tem a capacidade de enfrentar os próprios medos e aflições. E essa conta será cobrada por você mesmo. Sabe quando isso acontecerá? Quando estiver em seus últimos dias e contabilizar as coisas que deixou de fazer por se acovardar na construção de seus motivos. Você perceberá quão criativo foi para construir motivos para convencê-lo a não fazer as coisas que sabia que eram elementares em sua vida.

Quando percebi que meu caminhar é movido por motivos que me convencem diariamente, tive a certeza de que quem comanda minha jornada sou eu mesmo. Quanto mais forte são os motivos, mais capacidade para realização e perseverança eu terei. Veja só: eu acordo todos os dias às 5 da manhã para fazer minha leitura bíblica e, inclusive, para escrever este livro. Diariamente sou testado a não me levantar da cama, principalmente nos dias em que tive algum compromisso na noite anterior que me fez dormir fora do horário. Mas eu tenho um porquê para acordar cedo, e isso é maior que qualquer outra coisa.

Quando você entender que suas escolhas estão pautadas nos motivos que tem para agir, jamais vai economizar na atividade de escolher grandes propósitos para sua vida. Quando descobri que a vida é um empilhamento de motivos para fazer tudo o que desejamos, comecei a construir meu radar de motivos positivos. Empilhamento de motivos é você apresentar para si um amontoado de objetivos diários para justificar sua mente e impedi-la de "fugir" do caminho de seu sonho.

O que motiva você nas áreas social, espiritual, emocional e física de sua vida? Indique nas linhas a seguir.

_____

_____

_____

_____

ACREDITAR

"Preserva-me, ó Deus; porque em Ti eu ponho minha confiança." (Salmos 16.1)

Você já presenciou uma cena em que alguém relata uma história para outra pessoa, que imediatamente pergunta: "Você realmente acredita nisso?"? Se já passou por isso, sabe a extensão do questionamento. Caso não tenha passado, você descobrirá aqui o impacto que as verdades que carregamos causam em nossas decisões.

Então, o que significa acreditar? É estar ou ser convencido de algo; é crer naquela informação a que obteve acesso. Acreditar é muito subjetivo e específico para cada um. Em cada uma das fases da vida, você se permitirá acreditar em coisas, elementos e informações que estão em seu nível de conhecimento e aprendizado. É como se, no decorrer da vida, você fosse coletando tudo o que faz sentido para você e fosse armazenando em sua mente. Todas essas informações, experiências e acontecimentos serão acionados no momento de alguma decisão e produzirão influências para ditar os rumos da escolha. Isso significa dizer que suas vivências determinam e fundamentam as decisões diariamente. São essas crenças que ajudam seu carro a andar na via lenta.

Eu tenho dois filhos lindos, uma menina de 6 anos e um menino de 3. Há algum tempo começamos a brincar de acreditar e construir um mundo de imaginação que só a mente infantil permite. O que percebi é que eles realmente acreditam nas diversas passagens e histórias que contam. O mundo lúdico deles não tem limites. É como se estivessem realmente vivenciando aquilo que estão contando.

Quando crescemos, expandimos nosso mundo crítico e racional, o que nos afasta do mundo infantil. Mas, ainda assim, continuamos construindo um mundo de realidade de pensamento. E o que é isso? São informações relevantes e coerentes apenas de acordo com nosso padrão de pensamento. Por exemplo, para alguns, uma viagem de 100 quilômetros de distância é muito longe, ao passo que para outros uma viagem do Brasil para o Alasca de moto é uma grande diversão e uma oportunidade para conhecer pessoas e ganhar experiências novas.

O que quero dizer com isso? Que o mundo do pensamento está relacionado àquilo que você acredita. Acreditar é construir uma verdade absoluta sobre seus pensamentos, ou seja, tudo o que você pensa é verdade e somente deixará de ser quando alguém lhe provar o contrário. Acreditar é como falar sobre determinado assunto e todos desconfiarem da veracidade daquela informação, mas você ter a plena convicção do que está dizendo. A certeza é tão forte que você não permite que outras pessoas exerçam influência sobre aquilo que pensa. É dessa maneira que as verdades absolutas são construídas em nossa vida.

Isso permite dizer que não são as coisas que você não sabe que determinam sua vida, mas as coisas que você já sabe, porque serão elas que balizarão e justificarão suas decisões e escolhas. Os comportamentos e as atitudes são reflexos da maneira com que os pensamentos são gerados. Se você deseja alterar seus comportamentos, primeiramente terá de alterar seu pensamento e tudo aquilo em que acredita. Caso contrário, suas crenças limitarão suas possibilidades de produção.

Veja só, não adianta ter a melhor atitude e comportamento para realizar determinada tarefa se você não estiver com o pensamento correto. Stephen Covey[24] apresenta o seguinte exemplo: imagine que,

---

[24] COVEY, S. R. **Os 7 hábitos das pessoas altamente eficazes**: lições poderosas para a transformação pessoal. Rio de Janeiro: Best Seller, 2017.

com um mapa em mãos, você precisa ir da sua casa até o escritório de um amigo. Você pode ter a melhor atitude e comportamento, estar muito disposto e entusiasmado para encontrá-lo, mas, se estiver com o mapa errado, jamais encontrará a localização daquele escritório. No entanto, se as coordenadas estiverem corretas, o esforço para chegar lá poderá ser pouco ou mínimo – e, a depender de sua atitude e comportamento, poderá levar menos tempo ou até conhecer novos caminhos e ter diferentes ideias no percurso. O desgaste será mínimo e o resultado será favorável.

Por isso, é muito importante avaliar constantemente as verdades em que você acredita, pois elas podem ser seu maior aliado ou seu maior inimigo. Quem pensa que ficar rico é muito difícil jamais conquistará essa riqueza; quem acha que casamento é sinônimo de conflito não colherá paz; quem acredita que ter uma vida de alimentação saudável é sacrificante tomará decisões pautadas nisso e viverá com excesso de peso; quem pensa que trabalho é árduo e difícil terá pensamentos de sofrimento relacionados a isso. De outro lado, quem acredita que filhos são bênçãos de Deus e frutos de sua melhor versão terá satisfação com eles e disposição para educá-los; quem acredita que pode conquistar tudo o que deseja, basta desenvolver competência e habilidade e terá facilidade para iniciar novas atividades; quem acredita que sócios na empresa simbolizam sinergia terá a certeza da necessidade de crescer em conjunto.

Ter crenças e verdades arraigadas na vida é como usar os mesmos óculos de grau por anos. Você nem se lembra de que precisa voltar ao médico para reavaliar as lentes. As crenças são assim. Em algum momento da vida, elas são instaladas em nossa mente e as carregamos durante toda a vida. Até que nos permitimos duvidar delas ou resistir a sua existência. Você é o resultado daquilo em que acredita.

Seu rumo, destino e visão de mundo são determinados pelo que você acredita. E o que isso tem a ver com a coragem para perseguir uma vida próspera? Tudo! Quando você acredita nas informações corretas, gera energia para se aproximar cada vez mais daquilo que deseja. Acreditar é enxergar a possibilidade de alcançar aquilo que você traçou como objetivo de vida. É permitir que você vislumbre e justifique para si a possibilidade de conquista. É a forma de fundamentar a todo momento a possibilidade de realização de seu objetivo de vida. Isso torna aquele sonho ou desejo cada vez mais acessível. E como fazer isso? Basta ter qualquer uma das quatro possibilidades que vou apresentar agora. Cada pessoa as utiliza de forma diferente: juntas ou isoladas.

1. Efeito individual.
2. Efeito psicológico.
3. Efeito fisiológico.
4. Efeito de terceiro.

Conheço pessoas que utilizam o efeito individual para acreditar em seu objetivo de vida. São aquelas que utilizam experiências pregressas para acreditar naquilo que desejam, ou seja, "se eu já consegui fazer isso alguma vez específica, posso fazer novamente". Isso porque os caminhos neurais já foram traçados e, independente do tempo que não faz mais aquilo, você terá mais facilidade para repetir do que alguém que nunca tenha feito. Indivíduos confiantes normalmente monitoram esse quadrante, ou seja, avaliam atividades iguais ou similares já exercidas e que lhes permitirão justificar sua capacidade.

Imagine uma pessoa que tenha por objetivo de vida iniciar o exercício de um esporte novo. Aquele que justifica suas crenças no aspecto individual vai procurar em seu histórico uma ocasião em que teve de iniciar um esporte novo e o próprio desempenho. O resultado dessa análise pregressa vai justificar a crença dele na possibilidade ou não de praticar esse novo esporte.

Ou então avalie o caso inverso de crença limitante. Imagine uma pessoa que deseja iniciar uma nova empresa, mas que fica com o pensamento focado em outra oportunidade em que tentou e não conseguiu, gerando a falência. Enquanto estiver com esse pensamento, ela não vai se encorajar a empreender novamente. Ela só acreditará em novas oportunidades se houver dedicação, análise cuidadosa de riscos e estratégias. Este será o elemento acreditar para traçar e perseguir o objetivo de vida.

Há aqueles que utilizam o efeito psicológico e avaliam todas as vezes que alguém diz que eles conseguem fazer alguma coisa e isso os encoraja a fazer mais ainda. Pessoas que dependem da aprovação social justificam suas verdades nesse pilar. Sempre farão a revisão de suas conquistas e se os outros validam ou não sua vontade. Acreditam na própria capacidade com base naquilo que os outros relatam.

Esse é o caso daquele amigo que na conversa precisa que você o encoraje, dizendo: "Siga em frente nesse projeto. Lembra aquela vez que você conseguiu fazer o que ninguém fez?". Ou então: "Todas as vezes que desejo fazer alguma coisa, lembro-me de sua disciplina para fazer as coisas".

Existem aquelas pessoas que exercem o efeito fisiológico para gerar suas crenças na possibilidade de conquistar os objetivos de vida, ou seja, o organismo as credencia para fazer aquilo que desejam. Esse efeito é para aqueles que se sentem corajosos para iniciar uma nova atividade e fase. A fala deles normalmente é algo como "sinto que devo seguir"; "a vontade é tão grande de fazer isso que não sei de onde vem"; "minha vontade é começar agora".

Para essas pessoas, há pouca análise e avaliação dos efeitos colaterais para iniciar uma nova atividade. O efeito fisiológico é tão forte que não tem avaliação dos resultados negativos ou os prós e contras para iniciar a nova jornada. Elas iniciam qualquer atividade por impulso, sem refletir sobre como será a jornada. O grande aliado dessas pessoas é a energia, mas conciliada com pensamentos de futuro para traçar uma estratégia de conquista com a finalidade de evitar desilusões pela ausência de êxito.

Por fim, há o efeito de terceiro. Aqueles que fazem uso dele avaliam sempre quem já conquistou aquilo que desejam, o que alimenta a própria vontade e justifica a possibilidade de seus planos também se concretizarem. É como se tivessem um radar, à procura de quem alcançou o mesmo que almejam, pois isso lhes proporciona o sentimento de acessibilidade: "Se ela atingiu essa conquista, eu também consigo".

É o caso daqueles que prestam concurso público. Cada vez que algum colega de estudo é aprovado, isso os encoraja a acreditar que podem conquistar o mesmo: "Ele conseguiu e fez tudo o que faço, então basta seguir o caminho dele que eu conseguirei também".

Por exemplo, alguém que deseja muito fazer um regime, mas sempre tem pensamentos limitantes de que nunca conseguirá emagrecer os quilos que tanto lhe incomodam, busca quem já fez isso e avalia como conseguiu tal resultado. A partir de então, gera na mente um modelo de pessoa que obteve aquilo que ele deseja e justifica naquele indivíduo a possibilidade de conquista que almeja. O mesmo vale para o empreendedorismo, para o esporte, para a família e para a criação dos filhos.

Acreditar é isso; é o elemento que alimentará suas possibilidades de conquistas; é a formatação de suas crenças sobre aquilo que você pode e deseja conquistar; é a maneira de você ancorar em algo o desejo de conquistar seu objetivo de vida.

No formato relatado, você constrói com clareza aquilo que deseja e gera uma crença em algo que o favorece para agir em prol da vida próspera. Por que isso é importante? Algumas pessoas desconhecem a maneira como a mente funciona e a forma que ela fundamenta os objetivos de vida. Entretanto, com esse conhecimento, você possibilita a construção de uma rotina que lhe gere clareza e passa a ser mais assertivo em seus desejos.

Acreditar é a fórmula que circula sua vida entre a capacidade e a incapacidade para fazer algo. É um movimento natural e encorajador ou não, que pode evoluir para um resultado que sequer percebemos. Imagine alguém que tenha crenças limitantes sobre determinado tema, mas todos os dias persegue esse objetivo, mesmo desconhecendo tais barreiras. Esse movimento de atuação de suas crenças limitantes é como se você tentasse fazer uma corrida e uma pessoa atrás de você o segurasse com uma corda amarrada na cintura.

Quanto mais você tentar correr, mais sentirá a força e a pressão da corda o segurando para não se mover. Esses são os efeitos da procras-

ACREDITAR É A FÓRMULA QUE CIRCULA SUA VIDA ENTRE A CAPACIDADE E A INCAPACIDADE PARA FAZER ALGO.

@OANGELOVARGAS

tinação, por exemplo. Quanto mais familiarizado esse pensamento negativo estiver em sua mente, mais rápida será a ação dele durante o dia. O efeito automático é tão intenso e forte em algumas pessoas que elas, ao acordar, já recebem o impacto desse pensamento. E muitas sequer têm vontade de se levantar da cama. A falta de clareza de objetivo de vida impulsiona e traciona sua vida para esse triste cenário.

O efeito desse movimento de despertar sua melhor versão exige um reconhecimento da necessidade em viver de forma consciente, isto é, reconhecer suas deficiências e agir em prol da aniquilação delas. Não há erros passíveis de solução que sejam desconhecidos. As barreiras que nos travam são construídas apenas em nossa mente.

Vamos agora para o terceiro elemento de nossa equação rumo a um resultado imparável.

COMPETÊNCIA

"Por seus frutos os conhecereis. Homens colhem uvas dos espinheiros, ou figos dos abrolhos?"
(Mateus 7:16)

Suponha que você deseje muito criar uma empresa voltada para a confecção de sapatos, porque é adorador desse produto, então sempre teve o sonho de trabalhar com ele. O que o motiva todos os dias é o fato de gostar muito de sapatos, além do aquecimento desse setor no mercado, pois diversas lojas desse segmento estão sempre lotadas. Como tem recurso financeiro guardado para investir, decide iniciar esse novo negócio.

Entretanto, você não tem qualquer habilidade, conhecimento e competência para escolher o couro adequado, identificar o melhor design e contratar um designer profissional para sua coleção. Você também desconhece as máquinas adequadas de costura e de colagem e as estamparias compatíveis para cada segmento. Não mapeou a linha de produtos nem mesmo está familiarizado com a aceitabilidade do mercado e o nicho de produtos para cada classe social. Tampouco pensou nos valores atribuídos a cada peça e no custo real de produção. Mas você não consegue parar de pensar em montar uma fábrica de sapatos.

Você consegue imaginar o grau de desafio que terá de superar para que a fábrica de sapatos tenha tração e gere produção, vendas e distribuição daquele produto? Você precisará contratar especialistas e mudar o paradigma de seu conhecimento para conquistar o sucesso da empresa, ou seja, terá de desenvolver nova habilidade.

Agora, vamos trazer essa suposição para nossa vida. Por diversas vezes, desejamos ser um melhor marido ou esposa; queremos ter reconhecimento no trabalho ou que nossa empresa tenha um desempenho formidável; desejamos que o diálogo com nossos filhos seja primoroso; ou mesmo que nossa atuação no esporte seja exemplar. Contudo, às vezes esquecemos que tudo isso exige muita competência, ou seja, enquanto não houver instrução, conhecimento, habilidade e competência, não haverá tração para acessar o sucesso desejado.

Há uma história interessante: o dono de uma grande organização era criativo, talentoso, capaz e brilhante, porém muito crítico, racional e direto. Isso prejudicava o relacionamento dele com sua equipe. Os funcionários debatiam muito sobre a postura do chefe, mas todos ficavam no círculo da reclamação. Certo dia, um novo colaborador resolveu fazer diferente. Ele mapeou o perfil do chefe, estudou e compreendeu os desdobramentos dos assuntos da reunião anterior. Dessa forma, em cada nova reunião, ele tinha elementos pontuais e solucionadores para debater, construindo sempre um celeiro de inovação e ideias, ignorando eventuais reclamações ou desculpas evasivas de fracasso para os resultados desejados. Em pouco tempo, esse funcionário assumiu a gestão de diversos setores da organização, pois a confiança dele foi gerada pelo grau de conhecimento com que apresentou suas ideias.[25]

Como perseguir um objetivo de vida consciente sem avaliar a competência ou a habilidade de que você precisa para cumpri-lo? É exatamente esse ponto que precisamos superar para que você atinja

---

[25] COVEY, S., *op. cit.*, p. 120.

sua melhor versão e autoridade em tudo o que deseja fazer. Não há objetivo de vida claro e evidente sem que se defina a competência ou a habilidade necessária para se aproximar cada vez mais dele.

Assim, você deve mapear, traçar e aperfeiçoar a habilidade necessária para atingir o objetivo de vida. Não há desenvolvimento sem o grau de habilidade compatível com a exigência que você deseja gerar. E, no momento em que houver conciliação entre o desafio e a habilidade, você construirá o ponto de equilíbrio, distanciado cada vez mais do estresse ou então do tédio, do qual falamos anteriormente. Esses elementos desestruturados de sua vida (estresse e tédio) são decorrentes da falta de equilíbrio.

NA VIA LENTA, É PRECISO EQUILÍBRIO

"Melhor é serem dois do que um, porque têm melhor recompensa por seu trabalho. Porque se eles caírem, um levantará o seu companheiro; mas ai do que estiver só quando cair, porquanto não haverá outro que o levante. [...] E, se alguém prevalecer sobre ele, os dois lhe resistirão; e o cordão de três dobras não se quebra tão depressa." (Eclesiastes 4:9-10,12)

Vamos descobrir um pouco mais sobre o equilíbrio da vida?

Imagine que um de seus objetivos de vida é melhorar a condição física e, por isso, você escolhe fazer corridas diárias de 5 quilômetros. Contudo, você nunca tinha imaginado que existem técnicas e especialistas em corrida para acompanhá-lo e permitir que tenha melhor desempenho. Então, certo dia, um amigo seu comenta que conhece um professor de corrida que ensina as passadas das pernas, o posicionamento do corpo para gerar maior desempenho, a maneira como os pés devem tocar o solo em cada passada, a posição correta das costas, a inclinação ideal do tronco, além da respiração, dos movimentos dos braços e diversos outros fatores.

No entanto, você ignora esse amigo e segue sua maratona de corrida diária. Após dezoito dias, você sente dor na panturrilha e na lombar, mas não se incomoda, apenas remedia a dor e continua com os exercícios físicos. Passados mais seis dias, a dor fica tão intensa que você resolve ir ao médico. Este lhe recomenda repouso e receita medicamentos. Após cumprir o período de descanso, você retoma a corrida e as dores reaparecem. Ao retornar ao médico, ele recomenda fortalecimento muscular com atividade de academia.

Então, você se redime e procura um educador físico para auxiliá-lo na atividade de corrida e no fortalecimento muscular. O que aconteceu com você? O nível de desafio e exigência ao qual seu corpo foi inserido foi muito maior que a habilidade que possuía para fazer aquele exercício físico de corrida. Seu corpo gerou um colapso de dor e desgaste, exigindo a revisão e o aperfeiçoamento de uma habilidade que você não tinha para que fosse mais bem-sucedido na atividade física. Seu corpo foi inserido em um grau de estresse, pois não havia equilíbrio entre a habilidade em correr e o desafio de correr 5 quilômetros diários.

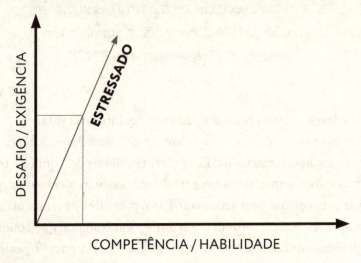

Agora, imagine como seria se alguém quisesse correr com você, mas essa pessoa fosse acostumada a uma maratona de 42 quilômetros há mais de cinco anos, ou seja, já possui a habilidade e a competência adequada para a atividade. Isso significa que, para ela, correr os 5 quilômetros em sua companhia será enfadonho, pois já superou essa fase do exercício físico. Para cada fase da vida um novo desafio é construído.

O que isso significa? A bipolaridade entre a competência/habilidade e o grau de desafio/exigência em sua vida determina o status emocional, ou seja, direciona se você estará estressado, preocupado, incomodado, seguro, equilibrado, animado, desinteressado e entediado. Na vida, o grau de competência e habilidade que você possui para realizar tarefas determina o grau de satisfação com elas. Quando essas balanças estão desequilibradas, surge o estresse ou o tédio. Por outro lado, quando a competência está nivelada com o desafio, você dá um passo a mais na fase da coragem.

É por isso que muitas pessoas se sentem estressadas no trabalho; outras adoram dirigir veículos enquanto viajam; algumas discutem com os filhos ou as esposas; outras adoram fazer determinada atividade física, enquanto para alguns indivíduos ela é enfadonha; alguns adoram falar em público e outros sentem-se como se estivessem em uma guerra.

O grau de competência e habilidade que você desenvolveu determina o objetivo que quer conquistar. Se você tem um objetivo de vida muito difícil e uma competência ou habilidade baixa para alcançá-lo, é bem provável que isso gerará estresse para atingir a meta. Por outro lado, se você tem um objetivo de vida muito fácil com base em sua alta competência e habilidade, a atividade se tornará um tédio.[26]

Assim, quando os desafios da vida são muito pequenos em relação à habilidade que você possui, haverá um desinteresse que vai gerar o sentimento de relaxamento; e tal atividade logo não estará mais em seu radar de atenção. Portanto, quanto mais atenção você dispuser para determinada atividade, maior é a possibilidade de envolvimento e atração.

O problema é que algumas pessoas não se desafiam com medo da derrota e acabam congelando a possibilidade de atingir o equilíbrio, pois quanto mais acomodadas estiverem, menos sentido a vida delas terá. Estabeleça os desafios de aprender habilidades e competências novas, com metas exequíveis e acessíveis, e aprimore-se rápido para concretizá-las, pois assim seu organismo vai ser recompensado com a satisfação da conquista do resultado. Quanto mais você protelar para gerar aquela conquista, mais angústia de ausência de realização será gerada em seu corpo. Quando não se procrastina, o tempo flui naturalmente e com prazer.

Conversando com algumas pessoas, eu as escuto dizer que têm uma vida estressada, como se não houvesse tempo para nada. A rotina diária é uma montanha-russa de atividades, isto é, não vivemos uma vida linear. Uma simples ligação pode alterar toda a sua agenda diária e, inclusive, seu humor. Isso ocorre por falta de definição das coisas efetivamente importantes para você e está diretamente relacionado à ausência de metas claras. Vale repetir: só chegamos à fase

---

[26] CSIKSZENTMIHALYI, M. **Flow guia prático**: como encontrar o foco ideal no trabalho e na vida. Rio de Janeiro: Objetiva, 2022.

da coragem, na qual estamos colocando em prática ações para atingir um objetivo, porque, antes, entendemos o contexto e descobrimos aonde queremos chegar. A falta de direcionamento impulsiona você a ter uma confusão mental para qual caminho seguir, gerando ansiedade, preocupação e estresse. As metas claras permitem que você seja intencional em suas ações e coordene seus movimentos diários.

Portanto, o grande segredo na vida é buscar o equilíbrio entre a competência/habilidade e o grau de desafio/esforço para fazer alguma atividade. Quanto mais alinhado você estiver com essa bipolaridade, mais equilíbrio ocorrerá em sua vida, que, por sua vez, vai fluir com muito mais leveza.

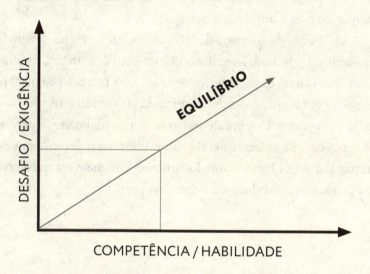

A cada equilíbrio atingido, ocorrerá o estado de conforto. Então surge a oportunidade de provocar o ajuste e elevar o grau de desafio e esforço. Quanto mais cadenciado você for na evolução dos desafios e da competência, mais controle e naturalidade vai gerar na evolução profissional, social, emocional e familiar.

Para esse tema, o próximo capítulo foi preparado envolvendo a fase da superação, a via expressa de sua autoestrada, quando suas escolhas proporcionarão a performance desejada. Vamos continuar em nosso jogo de construção de sua melhor versão.

APLICAÇÃO
Jogo da vida

Chegou o momento de construir seu objetivo de vida, revelando para si a motivação, as crenças para esse propósito com consciência, bem como a competência/habilidade que terá de desenvolver para atingir o que você deseja. Quanto mais preciso você for, mais clareza gerará em sua mente, aproximando-o cada vez mais de seu desejo de conquista e de prazer. Se a realização de seu desejo for mais difícil e abstrata, sua mente e seu corpo não serão capazes de reconhecer o que você deseja e não gerarão o direcionamento e a intencionalidade adequadas para conquistar o que quer.

Não se esqueça, você terá de fazer um exame rotineiro de acuidade sensorial, ou seja, terá de verificar diariamente seus microrresultados que o aproximam desse objetivo de vida. Essa tarefa é essencial para despertar em você a sensação de que está ocorrendo evolução ou não em seu propósito. O segundo passo será a flexibilidade para alterar rotas em caso de estagnação. Se não evoluir, você deverá remodelar e repaginar seus objetivos imediatamente. Ninguém conquista o que deseja quando caminha para a direção oposta.

Defina seu objetivo de vida nas áreas a seguir.

Familiar

_____

_____

Da saúde

_____

_____

Espiritual

_____

_____

Profissional

_____

_____

Outra

_____

_____

Pense nas áreas a seguir e escreva qual é a sua motivação em cada uma delas. Lembrando que é algo interno e pessoal.

Familiar

_____

_____

Da saúde

_____

_____

Espiritual

_____

_____

Profissional

_____

_____

Outra

_____

_____

Qual é a sua crença positiva para conquistar esse objetivo nas áreas a seguir? Lembrando que pode ser individual, psicológico, fisiológico ou de terceiro.

Familiar

_____

_____

Da saúde

_____

_____

Espiritual

_____

_____

Profissional

_____

_____

Outra

_____

_____

Qual é a competência que você precisa desenvolver nas áreas a seguir para conquistar esse objetivo?

Familiar

_____

_____

Da saúde

_____

_____

Espiritual

_____

_____

Profissional

_____

_____

Outra

_____

_____

CAPÍTULO 6

FASE DA SUPERAÇÃO: REALIZANDO ESCOLHAS RUMO À PROSPERIDADE

"Abençoado é o homem que resiste a tentação; porque, tendo sido posto à prova, receberá a coroa da vida, que o Senhor prometeu aos que o amam."
(Tiago 1·12)

Era inverno em Portugal e eu estava desembarcando na cidade de Lisboa para mais um semestre do doutorado em Direito. Em frente à Universidade, tinha uma cafeteria, meu ponto de parada diário. Nessa jornada matinal, conheci um simpático português chamado Pedro de Albuquerque, com seus mais de 70 anos. As ligeiras conversas durante as manhãs foram importantes para eu compreender o que é tradição. Há mais de quarenta anos trabalhando naquele local, ele revelou que sua alegria era acordar muito cedo e se preparar para mais um dia de trabalho, abrir a lanchonete e ver os mesmos clientes chegarem, tomarem seu café e se encaminharem para o trabalho.

Dizia Pedro: "Cada um no seu modo, cada um com sua personalidade, cada um em seu cargo e cada um com seu sucesso. Havia aqueles extremamente entusiasmados, havia aqueles sem conversa, havia aqueles empolgados, havia aqueles ranzinzas, havia aqueles atrasados e havia aqueles que chegavam antes para conversar com os demais".

O que eu mais gostava de fazer era ouvir as histórias do senhor Pedro. Depois de tantos anos naquela mesma atividade, no mesmo segmento, no mesmo local, ele colecionara clientes antigos e novos.

O que eu realmente queria saber era como Pedro lidava com a tentação de expandir o negócio, abrir novos pontos de venda, gerar mais emprego e, consequentemente, mais renda para sua família. Afinal, a simpatia, o café e o croissant dele eram invejáveis. Ele era o melhor da cidade! O que Pedro me disse foi: "Nem sempre a expectativa dos outros é a nossa. Nem sempre o que queremos é crescer. Nem sempre o que desejamos é ter mais. Nem sempre nossa capacidade alinha-se a ser 'grande'. Na realidade, o que alguns desejam é ter a vida do dia a dia, sem estresse e sem ansiedade. Queremos apenas viver e entregar o melhor café neste estabelecimento".

Durante alguns dias fiquei refletindo sobre a fala de meu querido amigo português. Então constatei que o alinhamento de expectativa para a vida está diretamente relacionado aos objetivos que traçamos para nós mesmos, concorda? Nem sempre as pessoas têm a maturidade para saber o que desejam e qual caminho vão percorrer, por isso a importância da fase da coragem, pela qual acabamos de passar, para balizar a vida que desejam viver.

Refleti também sobre mais uma coisa: desempenhar o melhor serviço não está atrelado a ser grande ou ter muitos estabelecimentos, mas a fazer o melhor que pode no local em que está. O nome disso é dedicação, entrega, performance.

Ao longo deste capítulo, vamos passar pela fase da superação, a via expressa de nossa autoestrada. É quando fazemos as melhores escolhas que nos levam com velocidade e constância ao nosso grande objetivo. Essa fase será um pouco mais desafiadora que as outras, mas o resultado é proporcional.

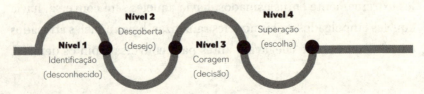

Se você deseja construir sua jornada de alto rendimento, com resultados admiráveis, este é o capítulo ideal. Nele, você vai descobrir como algumas pessoas evoluíram da trilha do padrão comum para a alta performance, desviando-se de promessas vazias ou de pequenas produtividades e superando-se a cada dia. O enigma do sucesso deixa rastros, e o que será revelado aqui é exatamente como esses grandes empresários, personalidades e influenciadores conseguiram romper o padrão comum, tornando-se pessoas de alto rendimento e com resultados admirados. Você se lembra, né? Esse é o jogo da vida, somente acessa a próxima fase aquele que cumprir rigorosamente a fase anterior.

Voltando para a conversa com Pedro, o que ele me ensinou naquele dia foi, mais tarde, confirmado por Malcolm Gladwell em sua obra *Fora de série*. O autor diz o seguinte: "Não é quanto ganhamos que nos deixa satisfeitos, e sim o fato de estarmos realizando uma atividade à qual atribuímos importância".[27] Quanto mais relevância você atribui àquilo que faz, mais desempenho e dedicação haverá em sua execução. Consequentemente, mais resultados e melhor performance. Isso significa que seus resultados extraordinários estão relacionados ao grau de comprometimento que você emprega nas coisas que realiza diariamente. Por isso, toda atividade desempenhada por você tem de ser significativa, revelando um motivo para aquela ação e provocando a motivação em si, tópico abordado no capítulo anterior.

Qual é o sentido de um atleta superar longas horas de treino diárias, com esforço sem medida, para, no dia seguinte, tudo ser reiniciado em uma jornada de maior intensidade? Qual é o sentido de um programador de sistema na década de 1980 ter ficados mais de quinze horas por dia desvendando algo que, para o mundo, ainda era um fator desconhecido, tornando-se posteriormente um grande especialista nesse segmento? Qual é o sentido de alguém ficar por longos anos estudando como as pessoas de sucesso que o antecederam

---

[27] GLADWELL, M. **Fora de série**: descubra por que algumas pessoas têm sucesso e outras não. Rio de Janeiro: Sextante, 2008, p. 141.

FASE DA SUPERAÇÃO: REALIZANDO ESCOLHAS RUMO À PROSPERIDADE

fizeram para conquistar o sucesso que atingiram? Qual é o sentido de uma banda ficar mais de oito horas por dia, durante os sete dias da semana, tocando em bares e casas noturnas? Essa resposta está na história de Michael Jordan, Bill Gates, Napoleon Hill e Beatles. Eles sempre tiveram o sentimento de que estavam produzindo algo significativo. A euforia provocada pelo que faziam gerava energia o suficiente para alimentar a dedicação de fazer mais e mais, gerando performance, resultados inegáveis e otimismo. Eles estavam na via expressa, superando cada obstáculo ou pensamento negativo. Sabiam aonde queriam chegar e como fariam isso e escolheram sabiamente os caminhos que os levaram ao destino.

A ARMADILHA DO CONFORTO

"Semelhantemente, vós jovens, submetei-vos
aos anciãos; e sede todos sujeitos uns aos
outros, e revesti-vos de humildade, porque Deus
resiste aos soberbos, e dá graça aos humildes."
(1 Pedro 5.5)

Lembrei-me de que o amigo Pedro confessou que, na juventude, até pensava em expandir os negócios. No decorrer da vida, porém, ele percebeu que somos imergidos em um cenário de conforto que nos prende e nos impede de fazer coisas diferentes daquilo que desejamos ou sonhamos. É como se abríssemos a porta de um quarto muito confortável, com tudo de que precisamos. Ao longo do tempo, o quarto torna-se cada vez mais confortável e, por isso, nos desinteressamos por buscar novidades. A partir de então, o que faz mais sentido é permanecermos naquele quarto. Criamos paradigmas e argumentos para não sairmos do conforto, para não nos arriscarmos, para voltarmos à calçada.

Pedro percebeu que estava entrando naquela zona de conforto e não queria ficar preso nela. Então, em vez de expandir os negócios (algo que para ele realmente não faria sentido), ele se desafiou de outras formas.

Quando o português me disse isso, logo lembrei de uma antiga lição de que nossa vida é um cenário de acomodação e conforto. Construímos para nós sempre o que nos traz mais conforto, ainda que ele seja o mínimo do que idealizamos. Para algumas pessoas, conforto é ter a condição de educar os filhos e promover o encaminhamento profissional para eles; para outros, é conquistar a casa própria ou ter estabilidade financeira. A rotina diária e nossos esforços geram clareza quando temos esses objetivos de vida muito alinhados. Se atingimos esse equilíbrio, sentimo-nos confortáveis, assim como no exemplo do quarto. É uma estabilidade que muitos desejam e que pode ser ótima, mas não pode agir como barreira para o restante da jornada. Esse é o ciclo da estabilidade.

Contudo, há pessoas que desejam gerar desenvolvimento a cada fase da vida. É como se crescessem com seus projetos, ideias e desejos. Quando são alcançadas com a estabilidade, logo surge um novo destino, um novo patamar, provocando uma instabilidade que promoverá a mudança desejada. Elas estão sempre querendo se superar mais e mais.

CRESCER → ESTABILIZAR → MODIFICAR

É como se estivessem a todo momento subindo uma escada, buscando novos desafios, gerando o desconforto necessário para isso. Não há evolução sem sacrifício e sem empenho. É um movimento de crescer, estabilizar e modificar, que muitos denominam como gerar performance ou alta produtividade, ou seja, gerar produção cada vez maior de acordo com sua capacidade atual.

Esse movimento passa pelos três estágios do desenvolvimento: zona de conforto, zona de conflito e zona de conquista. Toda evolução humana conjuga essas fases para que gerem tração, produtividade e performance.

NÃO HÁ EVOLUÇÃO SEM SACRIFÍCIO E SEM EMPENHO.

@OANGELOVARGAS

ZONA DE CONFORTO → **ZONA DE CONFLITO** → **ZONA DE CONQUISTA**

A zona de conforto é sua fase atual, em que as pessoas são movidas sempre para permanecerem, pois não desejam mudanças e quebra de rotinas. É confortável ter uma rotina e um padrão, construir hábitos. Mas toda e qualquer mudança provoca desconforto e insatisfação, pois o corpo deseja fazer sempre a mesma coisa.

No momento em que superar seu conforto e desejar produzir coisas e atitudes distintas, você acessará a zona de conflito, na qual novos padrões, hábitos e paradigmas serão estabelecidos e formatados. Nesse estágio, seu corpo buscará regredir para o conforto, consolidando o que parecia ser sua essência. No conflito, forças e foco estarão voltados para fortalecer o comportamento desejado, e não há mudança sem o devido esforço. É como medida e solução ou causa e efeito. Para cada medida de esforço, há um resultado de mudança. Quanto maior o conflito gerado, maior será a mudança provocada em sua vida, seu comportamento, seus hábitos e padrões.

Imagine que você seja um atleta de rendimento iniciante sem nunca ter desejado realizar grandes provas. Mas, certo dia, um colega de corrida convida você para fazer uma prova de meia maratona. Para que seus resultados sejam satisfatórios e relevantes, você deverá passar por mudança de treinamento, rotina e alimentação, o que provocará desconforto, receio, vontade de desistir, reflexão sobre os motivos por fazer isso e desgaste mental. Isso também se aplica àquele que idealiza a expansão na empresa, a melhora no relacionamento com a família, a ascensão ou transição profissional.

Superada essa fase, com muito compromisso e dedicação, é o momento de colher os resultados que você desejava na zona da conquista. Mesmo de maneira inconsciente, seu comportamento foi alterado. É seu novo normal. Nesse momento, a construção de um novo padrão de comportamento é o que gerará nova estabilidade, conforto e comodidade.

Isso revela algo que já falamos lá no início: as conquistas que você ainda não tem estão nos comportamentos que você ainda não adotou. A mudança desejada e esperada está na zona de conflito que você precisa enfrentar e ainda não enfrentou. O caminho para o crescimento está na via expressa, mas talvez você continue na via lenta, com medo de acelerar e superar os obstáculos.

Esse mesmo efeito é aplicável para as empresas. Elas fazem o ciclo da organização, do crescimento e da desorganização. Os ciclos naturais promovem a evolução como negócio, pessoa, espiritualidade, família, sociabilidade. É um ciclo que se retroalimenta, sempre em busca de novas conquistas.

CICLO DA ORGANIZAÇÃO → **CICLO DO CRESCIMENTO** → **CICLO DA DESORGANIZAÇÃO**

É como se estivéssemos em nossa autoestrada e, a todo momento, encontrássemos pontos de parada para descansar. A diferença é que alguns ficam por mais tempo nesse local de estabilidade. Outros até esquecem que estavam indo para algum lugar e ficam pelo resto da vida ali, confortáveis, longe da disputa e do sacrifício.

O QUE É MELHOR?

"A mão dos diligentes dominará, mas os preguiçosos estarão debaixo do tributo."
(Provérbios 12:24)

O interessante é que há dois fatores fundamentais no desenvolvimento de toda e qualquer pessoa: a habilidade e a execução. A habilidade é a capacidade de produzir alguma atividade com destreza e perfeição; é o saber fazer. Já a execução é o ato de realizar, cumprir e entregar o que foi solicitado.

Ao empregarmos o conceito de habilidade no mundo dos negócios, estamos falando da capacidade de entregar um excelente relatório, com abordagens de assuntos relevantes para a tomada de decisão. Isso significa, portanto, fazer muito bem-feito aquilo que está realizando, e quanto maior for a habilidade, mais resultados positivos e proveitosos serão obtidos.

Já a execução é a arte de fazer acontecer, realizar e entregar. No mundo dos negócios, não basta ter uma exímia capacidade para algo se não consegue executar, concorda? Por exemplo, a pessoa sabe exatamente como se faz um relatório, mas não se concentra o suficiente para colocá-lo no papel.

Perceba que a conjugação da habilidade e da execução é o que promove uma interação de resultado admirável para qualquer pessoa. Quanto maior for o grau de habilidade e de execução, maiores serão os resultados de alguém. Por outro lado, quanto menores esses níveis, mais padronizados e normais serão os rendimentos profissionais e pessoais.

Isso significa que não basta alguém ter muita habilidade para determinada atividade se o nível de execução dele está baixo ou inadequado; assim como é irrelevante ter muita execução se o nível de habilidade for muito baixo.

Imagine que José, exímio colega de trabalho de Marcelo, tem muito conhecimento de informática. Todas as vezes que Marcelo precisa tirar alguma dúvida, ele recorre a José, pois sabe que o amigo solucionará o problema. O padrão de consulta de Marcelo tornou-se tão comum e automático que ele nem pesquisa mais nada, sempre se valendo da capacidade e da aptidão de José. As programações que Marcelo está desenvolvendo são resolvidas pelos ensinamentos do amigo. José tem habilidade para tratar desse assunto sobre tecnologia, mas somente faz as coisas quando é demandado. Ele não toma a iniciativa para ajudar os demais, apenas ajuda Marcelo em razão do grau de amizade conquistado ao longo dos anos.

O que se nota é que José tem uma habilidade muito alta, porém com baixa taxa de execução, isto é, faz pouco com o que sabe, e é conhecido por seus amigos como uma "grande promessa". Mas, à medida que o tempo passa, a promessa torna-se uma frustração, pois ele não colhe os resultados que deseja pela falta de execução.

Já Marcelo tem um índice admirável de execução e baixa habilidade ou aptidão técnica e teórica sobre o assunto, justamente por depender muito da orientação e da habilidade dos outros para fazer aquilo que precisa ser feito. Ele é conhecido como o amigo produtivo, diante do interesse, do esforço e do compromisso que tem com a profissão. Mas somente será reconhecido como de alta performance se desenvolver habilidade e aptidão técnica para fazer o trabalho. Marcelo só terá seus rendimentos admiráveis quando conjugar a habilidade adequada com a medida de execução ideal para que produza os resultados esperados.

Isso significa que a conjugação da teoria e da prática será o fator determinante para gerar alta performance. Não basta ter uma habilidade invejável se o índice de execução é muito baixo, pois você estará no nível da promessa; não basta ter uma execução formidável se sua habilidade e aptidão estiverem muito aquém do esperado, pois você será apenas uma pessoa produtiva.

Na fase da superação, vamos encontrar obstáculos e dúvidas ao longo do caminho, que é nosso propósito, e tudo o que aprendemos nos capítulos anteriores, que nos fará avançar. O segredo é sabermos onde estamos em cada situação e o que podemos fazer para mudá-la.

Antes de prosseguir e aprofundar cada um desses quadrantes, é importante gerar a seguinte reflexão: Como fazer o diagnóstico para descobrir em qual quadrante você está? Você já sabe que desvendar nosso local atual, nossa zona de conforto, é importante para provocar um grau de consciência do estágio em que estamos e de onde desejamos chegar, certo? Há uma tendência natural de minimizar nossas dificuldades ou inabilidades.

Imagine que alguém lhe perguntou sobre algum esporte que você nunca tenha praticado. Não há como você ter qualquer entendimento sobre sua habilidade em fazer esse esporte, uma vez que nunca o praticou, ou seja, você não sabe que não sabe.

Por exemplo, certo dia um amigo me convidou para esquiar na neve, mas eu nunca tinha esquiado. Eu não sabia que não sabia esquiar. Quando chegamos ao Valle Nevado, meu amigo me perguntou se eu sabia esquiar e eu respondi: "Nunca pensei nisso, mas acredito que sei, sim. Sou uma pessoa boa em esporte". Conclusão: fomos para a montanha mais alta e, na descida, eu caí mais de quarenta vezes e fiquei muito exausto e com o corpo todo dolorido. O percurso de descida é realizado em aproximadamente vinte minutos e eu demorei mais de oitenta minutos. Ali, descobri que não sabia *mesmo* esquiar.

O que quero dizer é que existem muitas coisas que você não sabe que não sabe. Por isso, inconscientemente, faz da maneira que está fazendo agora. Por exemplo, a qualidade do relacionamento com aqueles a sua volta é resultado daquilo que você não sabe que faz. Em diversos casos, a pessoa sequer percebe que tem comportamentos insatisfatórios na vida profissional, familiar, social e espiritual. Não sabe o que está errado, pois nunca percebeu que aquela conduta é desajustada. Por isso, continua errando. Como é possível descobrir essas armadilhas emocionais? Por meio do autoconhecimento.

O diagnóstico é de suma importância para que tenhamos tração, velocidade e desenvolvimento nos diversos setores da vida e possamos fazer as escolhas corretas durante nosso caminho pela via expressa, a fim de superar cada obstáculo rumo a uma vida próspera.

Para isso, é necessário romper a zona de conforto e gerar um conflito consigo, grande o suficiente para promover e justificar a mudança. Não há mudança e evolução sem passar pela zona de conflito. Com base nesse diagnóstico, será possível fazer uma reflexão de como agir e mudar o padrão estabelecido até então, para, enfim, seguir até a zona de conquista.

PADRÃO

Certo dia, fui com minha esposa a uma cafeteria próximo ao meu trabalho. Chegando lá, encontramos uma amiga nossa chamada Maria. Quando a avistamos, ficamos muito felizes, pois fazia muito tempo que não a víamos e percebemos que ela estava muito bem. Nós a convidamos para sentar ao nosso lado para nos deliciarmos com um saboroso café e conversarmos.

Logo nos primeiros minutos de conversa, Maria confessou que não estava muito bem em sua vida profissional e pessoal. Comentou que tinha se separado do marido e, por isso, se afastara de todos os amigos. Disse que passou por momentos muito difíceis: angústia, ansiedade, tensão e medo do que viveria nos próximos anos, pois jamais imaginara que viveria sem o marido. Ela falou ainda que o relacionamento tinha se tornado tão insuportável que não conseguiam mais conviver juntos e que, naquele momento, o que a estava angustiando era o trabalho, pois gostaria muito de resgatar a credibilidade e o respeito com todos os colegas, principalmente com a chefia. Maria acreditava que o processo de divórcio prejudicara muito o trabalho; afinal, não conseguiu separar a vida pessoal da profissional e levou todas as suas incertezas para a empresa.

Após ouvir atentamente o testemunho de Maria, perguntei: "O que você mais deseja neste momento?". Ela ficou reflexiva, com olhar vago e sem direcionamento. Parecia que estava fazendo uma autoanálise para saber onde buscar a resposta. Na sequência, perguntei: "Se você pudesse mudar apenas uma coisa em seu comportamento, o que seria?". Ela respondeu que seriam muitas. Pedi que focasse apenas uma, pois quem deseja muitas coisas não tem tempo para realizar nenhuma em específico. Continuei: "Imagine como seria sua vida com essa mudança". Ela sorriu abertamente e, com olhar acanhado de merecimento, abaixou a cabeça. E perguntei: "O que essa mudança faria de positivo em sua vida?". Ela disse que ainda não conseguia prever isso. Prossegui: "O que você precisa fazer para conquistar essa mudança?". Ela disse que não sabia. Por fim, perguntei: "Você tem consciência do que está acontecendo em sua vida?". Ela disse que não.

Logo percebi que Maria ainda estava no âmbito do inconsciente. Lá na calçada de nossa autoestrada, penando na fase da identificação. Vivendo uma vida no automático e sem perceber que os desajustes que estavam ocorrendo tinham ligação com pensamentos e ações que ela nem sabia que tinha. Muitas eram as dúvidas de Maria sobre o que desejava viver, justamente porque ainda não havia se libertado do que vivera no passado. Quem só pensa no passado não consegue construir o futuro com clareza, e o presente fica absorvido pelo resgate inconsciente das coisas que ainda têm muita relevância para si. Quem não identifica sua situação, não descobre os desejos, não tem coragem para agir e não supera obstáculos rumo a um futuro próspero.

O que Maria desejava era atribuir culpa e responsabilidade aos outros, mas não há mudança sem autorresponsabilidade. Somos o resultado daquilo que permitimos viver. Se estamos insatisfeitos com a vida que levamos, cabe a nós mudar de atitude e converter tudo sob um novo olhar.

Os ensinamentos que Maria nos traz é que somos o repertório daquilo que vivemos em todas as fases e momentos. Não há como dizer que determinado acontecimento não tenha influenciado em nada sua essência, pois tudo aquilo que os olhos veem e o coração sente produz mudanças. Na verdade, você é a conjugação de seus pensamentos, sentimentos e emoções e, consequentemente, terá ações e resultados amparados nesses elementos. Não há como viver uma vida isoladamente, sem a influência dos fatores externos.

FASE DA SUPERAÇÃO: REALIZANDO ESCOLHAS RUMO À PROSPERIDADE

Acontecimentos na infância e tudo o que você viveu determinam quem você é, assim como suas atitudes, mas isso não quer dizer que não possa mudá-las. Por exemplo: os vínculos familiares, a criação pelos pais, os resultados positivos ou negativos durante a vida e também o ambiente em que vive. Não dispomos de armaduras emocionais para cada situação. Isso pode ser feito por algum tempo, mas o padrão automático e inconsciente sempre será predominante. Não há como esconder aquilo que somos, mas podemos alterar o que não desejamos ser. Os comportamentos representam um padrão de conduta que o levam para os resultados obtidos. Se deseja obter novos resultados, os comportamentos devem ser alterados. Aqueles que têm padrões de comportamentos vão colher resultados padronizados.[28]

A decorrência desse fenômeno comportamental está na fórmula apresentada de pensamento, sentimento, ação e resultado.

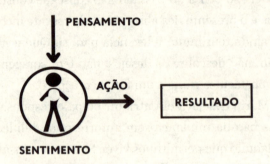

Veja o efeito disso em sua vida. Imagine uma pessoa que tenha constituído uma empresa de confecção de roupas e empregado todos os seus recursos financeiros no negócio, inclusive pedindo dinheiro emprestado no banco para financiar o empreendimento. Passados dois anos, porém, não conseguiu produzir as peças da maneira como desejava; não conseguiu os fornecedores que idealizava; não conse-

---

[28] CAPELAS, H. **O mapa da felicidade**: cure a sua vida e honre a sua história. São Paulo: Gente, 2021.

guiu fazer as vendas que tinha prometido; e percebeu que o processo estava muito lento para a empresa ter estabilidade financeira. Após mais um ano, decidiu fechar o negócio, pois o endividamento estava muito alto.

Com certeza, essa pessoa ficou muito frustrada pelos resultados obtidos nesse negócio. Em razão da desilusão empresarial, ela começou a pensar em todos os outros acontecimentos que não deram certo ao longo da vida. Percebeu que sempre se cobrou muito por resultados que não obteve e por fracassos que colheu, provocando um sentimento de frustração que aumentava a cada instante. Essa frustração configura um pensamento que não sai da mente, gerando uma incapacidade muito forte em não fazer mais aquilo que não conseguira. Todas as vezes que ela pensa em tentar novamente, surge o sentimento de incapacidade.

Eis aqui mais um exemplo. Todas as vezes que alguém diz algo sobre sociedade empresarial a uma pessoa que teve uma sociedade empresarial muito abusiva, violenta e sem confiança entre sócios, ela logo rejeita a ideia por causa do trauma. Assim, o sentimento de incapacidade toma conta do ambiente, impossibilitando-a de agir de outra maneira. A consequência disso é uma ação de desânimo, ou seja, "não quero outra sociedade para que eu não tenha novas desilusões. É melhor eu ficar da maneira como estou para não me ferir emocionalmente com outras pessoas". O resultado que ela vai colher é a improdutividade. Ela não obterá os resultados que deseja em razão da frustração ocorrida no passado e que a acompanha até os dias atuais. Para esse caso, teríamos um círculo vicioso da seguinte forma:

Frustração > Incapacidade > Desânimo > Improdutividade >Frustração

Certa vez, um amigo me confidenciou que todas as mulheres com quem ele se relacionava eram muito parecidas. Perguntei o que ele achava sobre isso. Ele respondeu que não sabia. Eu lhe disse que o padrão de mulheres que ele achava interessante já estava formatado na mente dele, por isso já tinha desistido daquelas que não seguiam esse modelo de comportamento. Ele concordou e disse: "Você acredita que nunca tinha pensado nisso? Mas, com essa pergunta, acabei de perceber que todas as vezes que estou com alguma mulher e ela tem postura diferente daquela menina que namorei por anos na adolescência, logo desisto dela. Por outro lado, quando estou com uma mulher que faz as mesmas coisas que aquela namorada fazia, fico muito feliz e logo penso que esta é a pessoa que gostaria de ter comigo".

Fiz outra pergunta: "O que precisa para você consolidar um relacionamento duradouro com uma mulher?". Ele respondeu sorrindo: "Deixar de procurar a personalidade e o comportamento daquela mulher que foi minha namorada na adolescência e encontrar uma que me completa atualmente da maneira que sou e desejo ser". Quando começamos a compreender que a questão não é o outro, mas sim nós, entendemos que nossa mudança está muito próxima.

Essa história nos permite refletir que recebemos sinais de orientação de todos os lugares e de todas as situações, porém não processamos da maneira correta ou nos falta clareza para compreender que os desajustes daquilo que não desejamos viver estão ao nosso lado e se revelando a todo momento. Mas a rotina ou o medo de enfrentar esse processo nos impede de desvendar aquilo que não desejamos, mesmo que possa ser melhor para nós.

Poderíamos tratar ainda neste capítulo do sentimento de medo, que nos gera o pensamento do pânico, nos faz construir a ação de fuga e, naturalmente, o resultado de não fazer nada. Isso é para você perceber o que o medo pode provocar em sua vida e para revelar que sua passividade está vinculada a ele. Você não faz aquilo que rejeita ou não aceita como resultado. Grande parcela das coisas que você ainda não conquistou está no medo em fazer coisas novas.

Poderíamos ficar por horas revelando os processos dos sentimentos, dos pensamentos, das ações e dos resultados. Mas o que desejo neste momento é que você avalie os padrões de comportamentos que

GRANDE
PARCELA
DAS COISAS
QUE VOCÊ
AINDA NÃO
CONQUISTOU
ESTÁ NO MEDO
EM FAZER
COISAS NOVAS.

@OANGELOVARGAS

estão levando você a seus padrões de resultados. Esses padrões de comportamentos foram sedimentados e fixados em você com base em exemplos, acontecimentos, resultados passados, ambientes em que viveu, suas mentalizações e seus conhecimentos adquiridos, ou seja, os resultados são frutos de seu jeito de viver a vida.[29]

Shawn Achor apresentou um excelente estudo[30] sobre esse tema ao revelar que estamos vivendo um culto à média nas ciências comportamentais, ou seja, cada vez mais nossa tendência é desejar ser a média, e não o ápice de habilidade e execução em nossa vida. Para o autor, são os valores discrepantes que rompem o padrão médio de comportamento e produzem resultados admiráveis. Por isso, não se fala ou se fala muito pouco sobre o tema felicidade. As pesquisas abordam apenas o índice de infelicidade no mundo, nos negócios e nos relacionamentos.

Esses estudos permitem concluir que seu padrão de comportamento interessa não apenas para a mente e o inconsciente, mas também para reafirmar as pesquisas sobre a evolução humana. Vivemos como se tivéssemos um ímã atrás de nós, impedindo o avanço e nos segurando para fazer o que a média das pessoas faz. Sempre que desejamos fugir do convencional ou do padrão aceitável pela sociedade, somos vigiados para saber se o resultado foi positivo ou negativo.

Já revelamos aqui que as grandes conquistas da humanidade são frutos de comportamentos fora do padrão que geraram coragem para novas descobertas. Quando nos acovardamos para não fazer o diferente, prejudicamos não apenas nossa evolução, mas também a evolução da humanidade. E para que você saia do padrão, é necessário aumentar sua habilidade e execução na vida, para então avançar na fase da superação.

---

[29] ROBBINS, T. **Poder sem limites**: a nova ciência do sucesso pessoal. 43. ed. Rio de Janeiro: Best Seller, 2021, p. 66-80.

[30] ACHOR, S. **O jeito Harvard de ser feliz**. São Paulo: Saraiva, 2012.

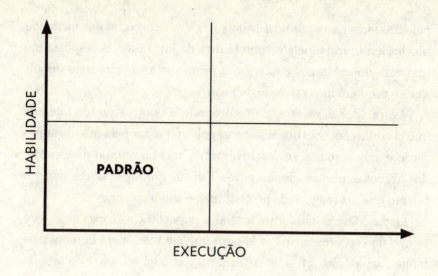

É chegado o momento de avaliar a promessa.

PROMESSA

Já se deparou com uma pessoa que, quando fazia alguma atividade, praticava algum esporte ou exercia algum ofício, você acreditava ser um grande artista? Achava que ela era um fenômeno? Admirava a capacidade dela de fazer tão bem algumas coisas que os outros tinham tanta dificuldade de realizar? Eu já passei por isso algumas vezes.

Em determinada oportunidade, quando eu estava disputando um campeonato brasileiro de tênis, havia um atleta representando o estado de São Paulo que era tão bom que parecia que as raquetes faziam parte de suas mãos. Ele chamava-se Marcos. Suas jogadas eram precisas, seus movimentos eram plásticos e sua desenvoltura com o esporte era admirável. As pessoas que o assistiam ficavam encantadas ao ver a habilidade e a facilidade dele em praticar aquele esporte tão rigoroso.

Não segui a carreira de tenista porque percebi que minha habilidade natural com o esporte não era tão evidente. Passados longos anos, encontrei um amigo em comum que disputava torneios brasileiros de tênis e a saudade foi imensa ao recordar os desafios, os torneios, as viagens, os sonhos, as derrotas e as vitórias. Nossa nostalgia nos fez lembrar daquele exímio tenista da juventude. A resposta me impressionou: Marcos encerrara a promissora carreira logo depois que eu também havia parado de jogar.

Agora você deve estar se recordando de outros tantos talentos que já conheceu, mas que não conseguiram passar pela fase da superação e, por isso, não se desenvolveram, seja no mundo do esporte, dos negócios, nos relacionamentos. Em sua grande maioria, não é o talento que faz um grande profissional, e sim o esforço.

O que Marcos não fez foi avaliar a importância da execução e do tempo do esporte em sua vida para que ele tivesse ainda mais destaque e lapidação, a fim de se tornar o verdadeiro mestre da arte de jogar tênis. Temos muitos Marcos "desperdiçados" no jogo da vida que não superaram a pressão do fracasso e desistiram de produzir a riqueza por meio do talento.

Em grande medida, o fator decisivo para esses gênios é a falta de uma personalidade de desafio e encorajamento para ouvir "nãos". A resistência ao observar seus fracassos aniquila a possibilidade de melhoria. O volume de elogios e de congratulações recebidos na infância e na fase inicial do desenvolvimento da habilidade enfeitiça e prejudica a possibilidade de progresso.

Sabe por que a execução é uma barreira emocional para as promessas que existem no mundo? A execução revelará os fracassos e as derrotas, evidenciando que o talento pode ser inato, mas não é perene. Não há nada tão bom que não possa ser superado. Não há nada tão perfeito que não se desintegre. É o ciclo da natureza humana. Até desejamos permanecer na melhor forma, mas o tempo determina o caminho e a história.

O esforço também é outro fator decisivo para quem pretende atingir o ápice no mundo da performance em qualquer área da vida. O lendário tenista John McEnroe,[31] que permaneceu em primeiro lu-

---

[31] JOHN MCENROE – História, prêmios e curiosidades. **Esportelândia**, s. d. Disponível em: https://www.esportelandia.com.br/tenis/john-mcenroe/. Acesso em: 9 ago. 2023.

gar no ranking mundial por quatro anos, acreditava que bastava ter talento, e ele não gostava de aprender. Dizia que já sabia tudo, não se envolvia nos desafios e logo desistia quando os treinos ou os jogos ficavam difíceis. Ele chegou a confessar que não aproveitou todo o seu potencial. Havia muito de si para explorar ainda.

O que essas pessoas talentosas menos desejam é se tornarem "comuns", e o tempo as faria revelar sua verdadeira capacidade. Pensam que é melhor não se expor para que toda a admiração não seja esvaída pelo descrédito da normalidade. É como se buscassem esconder qualquer eventual fracasso que ainda não tiveram.

Existe também quem não se esforce por falta de motivação; por isso, não consegue entregar ainda mais resultados. São aqueles que ficam apenas com a sensação de serem bons. O que lhes falta é ânimo para percorrer o caminho da execução e atingir todo o destaque de que forem merecedores em razão do talento.

Interessante o testemunho relatado pela escritora Carol S. Dweck ao revelar que jamais gostaria que todos os demais colegas da sala de aula percebessem um eventual fracasso dela no desempenho de alguma atividade. Ela queria que todos ficassem com a sensação de que ela era suficientemente boa. Em suas palavras: "Quando eu era criança, também me preocupava em ter o mesmo destino de Robert. Na sexta série, eu era a melhor aluna da escola em ortografia. O diretor queria que eu participasse de um concurso entre as escolas da cidade, mas eu recusei. No ensino médio, era excepcional em francês, e a professora queria que eu entrasse numa competição escolar. Novamente recusei. Por que arriscaria transformar o sucesso em fracasso? Para passar de vencedora a perdedora?".[32]

Não é somente o medo do fracasso que absorve os talentosos de entregarem o melhor resultado, desistindo antes que o alto índice de execução revele sua pior versão, mas também a falta de coragem para se comprometer, se expor e se superar. Não há execução sem

---

[32] DWECK, C. S. **Mindset**: a nova psicologia do sucesso. Rio de Janeiro: Objetiva, 2017, p. 41.

exposição e sem fracasso. Não há vitória sem coragem e sem exposição. Na exposição, revela-se seu "verdadeiro eu"; há comparação, julgamento, cobrança e desilusão.

A derrota mais dramática de John McEnroe foi no Aberto da França, em 1984, em que ele estava ganhando por dois *sets* a zero mas perdeu o jogo. Segundo ele, a culpa foi de um cinegrafista da NBC que retirou um fone de ouvido e isso provocou um ruído ao lado da quadra, desconcentrando-o. Para o atleta, existia uma dificuldade muito grande em reconhecer os erros e fracassos e, consequentemente, comprometer-se com a derrota.

E a questão aqui não são as derrotas, mas a dificuldade em se colocar em posição de inferioridade para receber a crítica e perceber que ainda falta um percurso longo de execução para atingir seu destino. São as necessárias 10 mil horas de práticas relatadas por Malcolm Gladwell para que a habilidade se potencialize e atinja a versão ideal para se destacar como uma pessoa de performance.[33]

Mas a execução dessas 10 mil horas de prática não existe ao lado da sensação de superioridade. Aquelas pessoas dotadas de muita habilidade são levadas a acreditar em sua potencialidade de tal forma que extrapolam o senso do normal e acreditam ser "muito melhores". O tenista McEnroe seguiu esse caminho.

Reconhecido como um dos tenistas mais temperamentais da história, McEnroe tinha o hábito de xingar os juízes, atirar raquetes, reclamar acintosamente das decisões do árbitro. Ele foi treinado durante muitos anos pelo preparador físico Rob Parr, cujo principal método era ensinar seus alunos a respirar com o estômago, fato essencial para o controle das emoções.[34] O que esse comportamento revela para nós? Que a habilidade em sua inteireza pode produzir efeitos surpreendentes de sucesso desde que empregada de maneira correta e certeira. Não há sucesso sem o fator tempo e não há vitória sem o elemento do fracasso, o que gera o ensinamento para sua vida e que deve ser superado.

---

[33] GLADWELL, M., *op. cit.*
[34] JOHN MCENROE., *op. cit.*

A superação será determinada em sua vida exatamente no tempo e nos ensinamentos gerados. Isso porque são suas escolhas que promovem esse avanço. Quanto mais caminhos certos você percorrer, mais resultados admiráveis e promissores serão colhidos. Nessa fase, seus movimentos de escolhas determinam os acertos ou os erros.

Mas cuidado: o ponto-chave é que a capacidade de produzir brilhantes conversas, jogadas, ensinamentos, insights, ideias e invenções não pode estar alicerçada na sensação de superioridade. Na grande maioria dos casos, esse sentimento é inconsciente e automático, decorrendo do medo do diferente ou desconhecido. São raros os momentos em que se tem consciência desse comportamento. Só quando nada mais faz sentido é que nos deparamos com o monstro de comportamento que fora criado.

O que confirma isso é a capacidade do cérebro humano de moldar os comportamentos que desejamos, como tanto conversamos até aqui. E esse molde é construído por meio da neuroplasticidade. Reconhecemos que nossa mente se adapta ao formato e às circunstâncias desejadas a ponto de conquistar qualquer desejo ou vontade. Somos moldados naquilo que nem percebemos que somos. Se desejo ter mais habilidade, devo moldar minha mente para construir mais dela. E o segredo para esse modelo de pessoa é o exercício da prática. Quanto mais executamos rotineiramente uma tarefa, mais colheita haverá.

Ao realizar mais vezes determinada atividade, há um efeito neurológico em nosso cérebro, em que um grande número de neurônios no córtex pré-frontal é convocado e ativado, auxiliando no aprendizado. O volume de informações descarregadas no cérebro poderia causar um estresse caso fosse acionada apenas uma parte. Mas o que ocorre é o atendimento momentâneo e preciso dessa informação para que os caminhos neurais se formem e sejam transferidos para outra parte do cérebro.

Por fim, toda uma rede de neurônios se desenvolve para se lembrar dessa única tarefa, o que explica o fato de conseguirmos fazer coisas que fazíamos na infância. Se examinarmos o córtex pré-frontal de pessoas que passaram a dominar algo por meio de repetição, veremos que a área se mantém extremamente tranquila e inativa quando elas aplicam aquela habilidade. Isso significa que aquela atividade se tornou corriqueira.

Esse processo de automatização de determinado comportamento ou de alguma atividade somente ocorre quando se está em plena concentração, quando se está dirigindo na via expressa com o foco no que você tem de fazer e aonde deve chegar. Isso é a confirmação de que o tempo leva à perfeição. A distração prejudica a formação do caminho neural. É como se a informação pretendesse seguir determinada estrada, mas vai parar em um lugar que nem estrada tem.

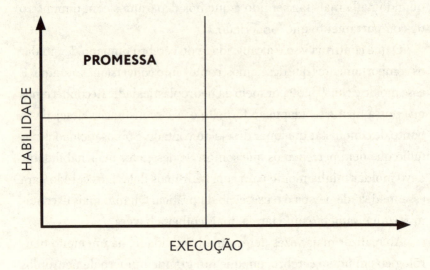

Agora que você compreendeu a importância do fator execução no desenvolvimento de sua habilidade, o que devemos saber é o que fazer para que as "pessoas promessas" deixem a passividade e continuem evoluindo em todos os setores da vida. Sem dúvida, a ausência de um objetivo de vida definido, bem como a ausência de prioridades, tem o poder de manter a pessoa somente na esfera da promessa, tornando-se passiva a tudo o que lhe acontece. Quanto mais clareza de objetivo de vida e mais prioridade evidenciada, mais próximo você estará de uma vida ativacional.

Qual é o tamanho de sua coragem[35] para acionar aquilo que você deseja na vida? Por quanto tempo você permanecerá sendo uma promessa, sem nunca se consolidar como um protagonista de sua história? O que a passividade tem proporcionado para você não desejar ativar sua melhor versão por meio da exposição e da construção da frustração? Você já entendeu que a frustração faz parte do processo e somente atinge a maestria aquele que demonstra coragem diante das situações difíceis.

Não se esqueça de que muitos já sabem o que fazer, mas se escondem atrás do medo da prática e da execução. O que você fará? Você se encolherá para a vida ou mostrará o gigante que há dentro de você?

PRODUTIVIDADE

O sistema produtivo é revelado para aqueles empenhados e comprometidos com a execução, que desejam alcançar uma melhor performance, realizando determinada atividade sem que qualquer interferência externa impeça que os resultados apareçam de maneira constante. É como se a atenção fosse concentrada em produzir mais e mais, independentemente de os resultados serem ou não satisfatórios. O compromisso em produzir é tão evidente que ignoram elementos essenciais que, ao longo do tempo, tornam seus resultados medíocres ou sem sentido. Como se o foco concentrado tapasse seus olhos e os impedissem de perceber o que ainda precisam conquistar.

Imagine uma grande empresa na qual a linha de produção está funcionando com toda a potência, gerando satisfação na equipe interna; afinal, a organização encontra-se no ápice dos resultados. Entretanto, o gestor dessa empresa esqueceu que o que se espera de uma empresa não é o alto índice de produção, mas o alto índice de ganhos financeiros para manter, gerir e expandir todo esse negócio.

---

[35] HOLIDAY, R. **O chamado da coragem**: a sorte favorece os corajosos. Rio de Janeiro: Intrínseca, 2023.

Com o tempo, o empresário percebeu que o alto índice de produção apenas gerara um estoque muito alto, pois as vendas estavam cada vez menores. Não havia uma ligação imediata entre setores com o intuito de sincronizar as tarefas de cada um para que os resultados da empresa fossem positivos. Cada setor comemorava os resultados isoladamente, fazendo com que o mais importante não fosse conquistado: a saúde financeira da empresa.

O que estamos revelando é que esse empresário vive um cenário positivo, mas sem resultados satisfatórios. Sua métrica de avaliação está equivocada e em momento algum ele percebeu o desastre, justamente porque a preocupação estava focada somente na linha de produção. Nosso foco muda a todo momento, mas não podemos nos esquecer de olhar de maneira sistêmica e ampla para que todos os setores da vida sejam atendidos.

Para exemplificar, conto a história de um velho lenhador experiente que foi desafiado por um jovem forte e disposto para uma disputa: dividiram uma área igual para os dois e começaram a cortar as árvores. O jovem, com toda a energia e força, estava comprometido a derrubar o maior número possível de árvores naquele dia. Quanto mais ele derrubava, mais energizado e animado ele ficava, pois o velho estava apenas sentado, de costas para ele. Por vezes, o jovem acreditou que o velho tinha até desistido do desafio.

Já passava do meio da tarde quando o velho se levantou e começou a cortar as árvores. Naquele momento, o que o jovem mais queria era produzir ainda mais, cortando árvores sem parar, tanto para impressionar o velho quanto para amedrontá-lo. Mas o que o jovem não sabia era que o velho tinha um elemento muito importante para qualquer desafio: a experiência.

No final do dia, o jovem se surpreendeu ao ver que o lenhador experiente o vencera com facilidade e então perguntou: "O que o senhor fez para cortar mais árvore que eu, mesmo iniciando tão tarde e parando tantas vezes para descansar?". E o velho sábio respondeu: "Engano seu! Eu parava para afiar o machado, jovem rapaz".

O lenhador experiente fora extremamente inteligente, ponderado e estrategista. Um machado afiado faz com que a força do lenhador se torne muito mais eficiente na hora de cortar a madeira. O velho mostrou ao jovem que a força e a jovialidade não eram os antídotos ideais para fazer coisas que dependem de estratégia e de planejamento. Não bastava cortar e rachar as lenhas, era preciso gerar eficiência, e não só produtividade.

Em quantos momentos desejamos ser muito produtivos, mas nos divorciamos da eficiência? E queremos sair acelerando na autoestrada, porém sem conhecer o caminho ou as técnicas necessárias para dirigir em segurança? Ignoramos que a ciência da vida não é ter muito de uma única coisa, mas refletir todo o conteúdo do ecossistema que desejamos. Não adianta ter um belo trabalho se o relacionamento familiar está desestruturado. Não adianta ter muita disponibilidade financeira se a convivência com os filhos está comprometida. Não adianta ter um reconhecimento incrível se isso acarretou o sacrifício de sua saúde.

O jovem lenhador percebeu que não basta a força física, nem mesmo a vontade de vencer, para realizar todos os seus sonhos. É imprescindível muito mais que isso. É nesse momento que uma reflexão toma conta de nós: "Quanto de sabedoria estou utilizando para buscar o que quero? Quanto de aperfeiçoamento estou utilizando para construir uma versão melhor de mim?".

Refleti sobre isso durante a pandemia. Já estava satisfeito profissionalmente, tinha o reconhecimento daquilo que idealizara. Já tinha mais de uma dezena de especializações, dois mestrados, diversos livros jurídicos publicados, uma carreira profissional encantadora e muitos outros negócios. E foi nesse ponto que me perguntei: "Quão jovem lenhador estou sendo e quanto estou colocando nas minhas costas o que já tenho de conhecimento para não buscar novos desafios e novas rotinas?".

Por vezes, ficamos convencidos de que tudo o que temos é o suficiente para aquilo que sonhamos, mas rejeitamos. Se a nossa capacidade nos permitiu chegar a esse ponto, é porque somos habilitados para conhecer e avançar ainda mais. É isso mesmo: não é só porque você chegou até a via expressa que está tudo ganho. A vida não para, e podemos ser melhores a cada dia. O que desejamos é ter alta produtividade com o índice de habilidade compatível para que nosso esforço seja equilibrado.

Isso é eficiência. É buscar afiar seu machado diariamente para que todos os setores da vida se alinhem a tudo aquilo que você deseja viver. Afiar o machado exigirá um constante aperfeiçoamento e muita persistência. O compromisso consigo é o que nutrirá o sentimento de resultados compatíveis com seu desempenho. A motivação será a colheita de resultados novos e inimagináveis anteriormente.

Mais um caso: Bill Bradley apaixonou-se pelo basquete aos 10 anos. Ele era muito alto para sua idade, mas não tinha toda a habilidade necessária para o esporte. Era desajeitado, lento e com pouco impulso para saltar. Se ele quisesse seguir sua paixão, teria de compensar as lacunas com muito treino. A execução seria o fator fundamental para que a habilidade fosse inserida em sua vida. Como a paixão falou mais alto, ele iniciou um rigoroso treinamento de alta performance para conquistar essa habilidade.[36]

Bill construiu um programa de treinamento diário, inclusive aos finais de semana, fortacelendo músculos e melhorando a impulsão e o equilíbrio para que os passes fossem mais certeiros, os arremessos fossem precisos, a explosão de velocidade fosse um diferencial, os dribles fossem inesperados, a condição física fosse impecável e a mentalidade estivesse apta para superar qualquer adversidade que surgisse ao longo do jogo.

Em determinada oportunidade, Bill viajou de navio para a Europa com a família, onde todos acreditaram que não haveria como ele continuar o treinamento. Mas Bill encontrou dois corredores com mais de 2,75 metros de comprimento e muito estreitos, localizados abaixo

---

[36] BILL BRADLEY. Biografia, Idade, Família, Patrimônio Líquido, Livros, Esposa, Namorada, Política, Basquete, Allen And Company. **Millennivm**, s. d. Disponível em: https://pt.millennivm.org/bill-bradley-biography. Acesso em: 9 ago. 2023.

do convés, que seriam ideais para um treinamento de alta velocidade com a bola. Durante todos os dias da viagem, o atleta percorreu os corredores simulando lances para que seu controle de bola ficasse cada vez melhor.

Bradley transformou-se em um astro do esporte e foi admirado por diversas pessoas por sua capacidade de realizar jogadas que os demais jogadores não esperavam. Sua produtividade, alinhada ao esforço, fez dele um atleta reconhecido mundialmente. A perspicácia em conciliar a execução com a técnica ideal o elevou a um patamar de destaque. Fosse somente a alta produtividade, seus resultados seriam outros.

Pessoas que pensam somente em produtividade e ignoram os demais fatores cansam mais cedo e desistem logo, pois seus resultados serão sempre os mesmos, sem qualquer chance de prosperidade. E o que mais atrai e contagia o ser humano é o senso de progresso e de avanço. Se houver progresso constante, todos os dias haverá motivação para se fazer mais e melhor.

Com tudo isso em mente, qual habilidade você vai desenvolver para que sua produtividade seja exponencial? O que aconteceria se essa habilidade fosse empregada diariamente em sua vida? Quais resultados poderiam ser colhidos por você se ela fosse implementada amanhã? O que falta para você começar a desenvolvê-la? Descreva nas linhas a seguir.

_____

_____

_____

_____

PERFORMANCE

Você já se perguntou alguma vez por que tal pessoa tem tanto sucesso nas atividades que desenvolve? O que falta para que você também adquira o sucesso merecido ou colha resultados admirados por meio de sua capacidade de produzir? Será que sua capacidade de produção é limitada pelos resultados que está colhendo atualmente?

Algumas inquietações surgem por meio da reflexão de que nós, seres humanos, nascemos basicamente com a mesma configuração biológica e com a mesma capacidade de produção, mas são poucas as pessoas que se sobressaem para realizar o pleno potencial que têm. O que diferencia o indivíduo "comum" dos "talentos"? Quando a alta performance surge em nossas ações?

O que descobri é que o quociente de inteligência (QI) ou o talento natural não explica a formação de gênios. O fator fundamental é a revelação de alguma paixão, oportunidade ou predileção que faz seus olhos brilharem e o motiva a se dedicar incansavelmente. O cansaço, o medo, a insatisfação, o constrangimento, a frustração são apenas antídotos para produzir mais resultados e praticar mais vezes, gerando uma habilidade incrível e admirável.

É o que chamamos de energia, foco e concentração para fazer aquilo que faz muito sentido para você. Quando avaliamos alguma criança brincar, ficamos encantados com o mundo lúdico que ela constrói, esquecendo-se do que está a sua volta e também da circunstância. É um mundo de encantamento e de descoberta que se abre a todo momento. É o que ela faz com naturalidade e facilidade.

Certa vez, fui a um hospital de tratamento de câncer infantil e fiquei perplexo com a coragem e a sabedoria daquelas crianças que estavam em tratamento avançado de saúde e, todos os dias, passavam por provações, mas continuavam no mundo de sorrisos, alegrias e encantos. Vi um menino no chão brincando com carrinho e ao lado um pedestal de sonda ligado a ele. Abaixei para conversar com ele e logo o sorriso dele despertou em mim um sentimento de compaixão. Um olhar de vida, brilhante e cintilante me fez sentir quanto a vida é o que imaginamos ser. Havia sopro de vida naquela criança. Percebi que aquela brincadeira de carrinho construía um novo mundo de oportunidade para ela. Aquela criança chegou na via expressa muito antes que vários adultos...

Em nossa vida, quando encontramos algo que nos encanta, é como se nos tornássemos cada vez mais crianças e passássemos a viver em um mundo somente nosso. Os desafios tornam-se prazerosos; os erros resumem-se a ensinamentos; os medos configuram-se em energia para descobrir o desconhecido; a passividade cede lugar para a curiosidade; a criatividade e a inovação falam mais alto para se destacar em qualquer setor de dificuldade. É o novo caminho que se inicia rumo ao novo mundo da performance e dos exímios resultados. As coisas tornam-se simples, fáceis e acessíveis.

Basta encontrar algo que nos encanta, um verdadeiro propósito que nos leva por toda a autoestrada da vida. A história de Bill Gates[37] é um ótimo exemplo disso! Gates entediava-se com muita facilidade dos estudos e, por isso, seus pais o colocaram em uma escola particular, com a finalidade de melhorar seu desempenho. Em seu segundo ano no novo estabelecimento de ensino, foi criado um clube da informática.

---

[37] BILL GATES, o dono da Microsoft: conheça a história do bilionário fundador da companhia! **Eu quero investir**, 24 abr. 2021. Disponível em: https://euqueroinvestir.com/educacao-financeira/bill-gates-saiba-mais-sobre-o-bilionario-fundador-da-microsoft. Acesso em: 9 ago. 2023.

As mães dos alunos daquela escola promoviam rifas anuais para arrecadar dinheiro e investir na escola. Metade da quantia angariada era entregue aos professores e a outra metade era destinada a alguma ação interna. Naquele ano, o recurso foi empregado na aquisição de um terminal de computador, deixando as crianças muito entusiasmadas. Isso era 1968, e a novidade logo tomou conta de todos. A escola incentivou os alunos a aprender programação de sistemas e isso despertou curiosidade e encantamento.

Daquele tempo em diante, Gates passou a viver na sala do computador, aprendendo novos mecanismos, e tudo o que fazia estava relacionado a programação, construção de sistemas e desenvolvimento de softwares. Aquilo se tornou uma obsessão para ele, pois Gates voltou toda a sua atenção para aquela atividade. Sua habilidade foi, então, desenvolvida com o tempo que dedicou à execução das tarefas.

Em todas as oportunidades, Bill Gates estava atrás de uma máquina, produzindo conteúdo, software, sistemas e programações. Tudo se tornou natural e corriqueiro. E tinha um fator que o diferenciava de todos: a dedicação. O tempo extra dedicado por Gates ao computador o fez tornar-se um prodígio. Quando deixou a Universidade de Harvard para criar a própria empresa, ele já tinha programado mais de sete anos consecutivos, ultrapassando mais de 10 mil horas de execução.[38]

Quando descobri essa história, a pergunta que me fiz foi: "Por que os demais amigos de Bill Gates que o acompanhavam naquela época não atingiram o sucesso que ele obteve?". A resposta foi clara, objetiva e suscinta. Nenhum outro tinha se dedicado tanto como Gates naquela época.

Bill Gates, assim como todos os demais gênios, conseguiu utilizar o esforço, o foco e a criatividade para iniciar um novo mundo para ele, em que seus pensamentos foram delineados para construir um panorama favorável e estimulante para viver tudo o que poderia viver.

---

[38] GLADWELL, M., *op. cit.*, p. 56.

Tanto Bill Gates como aquelas crianças internadas no hospital aprenderam a construir o pensamento ideal para que todas as suas potencialidades fossem desenvolvidas. Vigiar seus pensamentos é como ter um filtro ou uma alfândega emocional para permitir acesso apenas das coisas que lhe favorecem. O conhecimento e a experiência foram muito relevantes no momento em que ele mais precisou acionar o "talento".

Gates entendeu que é essencial valorizar o aprendizado a todo custo, sempre confiando que aquele era o caminho ideal e que vivia o que sempre desejara viver. Nem sempre o caminho é fácil ou sem incertezas, mas isso faz parte do processo de aprendizado, embora muitos desistam. A resistência é a peça-chave de superação dos fracassos. As tentativas e os erros foram fundamentais para entender a melhor forma de fazer aquilo que se faz.[39]

O mais curioso é que durante toda a nossa vida vivemos em fases de aprendizagem. É uma jornada de inovação constante e de esclarecimento sobre aquilo que ainda não conhecemos. Friedrich Nietzsche fez uma exímia reflexão sobre esse tema:

> Só não falem de dons e talentos inatos! Podemos nomear grandes homens de toda espécie que não eram superdotados. Mas adquiriram a grandeza, tornaram-se gênios [...]. Todos tiveram a diligência e seriedade do artesão, que primeiro aprende a construir perfeitamente as partes, antes de ousar fazer um grande todo; permitiram-se tempo para isso porque tinham mais prazer em fazer bem o pequeno e secundário do que no efeito de um modo deslumbrante.[40]

As oportunidades, os acontecimentos e as vivências influenciam e determinam muito o que nos tornaremos e o que mais nos agra-

---

[39] GREENE, R. **Maestria**. Rio de Janeiro: Sextante, 2013.
[40] NIETZSCHE, F. **Humano, demasiado humano**. São Paulo: Companhia das Letras, 2000.

dará no futuro. Minha filha tem um carinho imenso por animais, um amor fora do comum. Adora gatos e cachorros e, sempre que viajamos, vamos a zoológicos para que ela tenha acesso a uma infinidade de outras espécies animais. Qual será a profissão que ela vai escolher no futuro? Não sei, mas já notei algum despertar em sua vida. Existem diversas coisas que nos encantam e que são centelhas aptas para despertar nossa missão de vida.

Já ouvi histórias de pessoas que se dedicaram a determinada profissão porque, quando pequenas, admiravam algum conhecido que fazia aquele ofício. O que isso tem a ver com as histórias anteriormente relatadas? Tudo! O que o impressiona e lhe traz admiração o desperta e o inspira para viver mais daquilo. Esse é o começo para iniciar o processo de performance que, futuramente, vai levá-lo à fase da superação, até a via expressa de nossa autoestrada. É sua singularidade.

Foi isso que aconteceu com Albert Einstein ao ter ganhado uma bússola de seu pai aos 5 anos, encantando-se com aquela agulha que se movia à medida que ele alterava a direção. A força magnética que atuava sobre a agulha impressionou o garoto. Ou mesmo com Marie Curie, que entrou no gabinete de laboratório de seu pai pela primeira vez aos 4 anos e mais tarde, quando teve acesso a um laboratório de verdade e realizou alguns experimentos, reconectou-se imediatamente com a obsessão de infância. Ou, então, com Ingmar Bergman, que viu um cinematógrafo (aparelho que projeta imagens em movimento em uma tela por meio de sequências de fotografia) aos 9 anos e por ele se encantou. Parecia que algo adquiria vida, como que por mágica, quando ele o ligava. Produzir essa mágica foi sua obsessão pelo resto da vida.[41]

A conquista de sua performance relaciona sua conexão interna e forte àquilo que você exerce. Não há entrega e disposição para uma atividade que não o envolve e não o encanta. Não existe resultado para aquilo a que você não se dedica. Não há dedicação para o que não se deseja

---

[41] GREENE, R., *op. cit.*, p. 43.

muito. É como fazer muito e querer fazer ainda mais aquilo que já se fez muito. Para Einstein, não era a Física, e sim o encanto pelas forças invisíveis que governam o mundo; para Curie, não era o elemento químico, e sim a oportunidade de criar o que deseja; para Bergman, não eram as imagens, e sim a sensação de criar e dar vida.[42]

Nossa vida é um sistema. Aprendemos coisas cujo motivo desconhecemos. Acreditamos que determinadas atividades não fazem o menor sentido. E de repente as peças começam a se encaixar e uma nova visão é construída. É nesse momento que a virada de chave ocorre, uma transformação que se construiu com a habilidade e o fator de execução durante longos anos de dedicação, passados imperceptíveis por todos, menos para aquele que se esforçou.

O sucesso não é algo aleatório. Ele revela as marcas do tempo e da dedicação, mas nem todos os olhos estão capacitados para enxergar isso. Somente enxerga quem estiver atento aos sinais que a vida mostra todos os dias. Os olhos somente veem aquilo que o coração deseja sentir. Tanto para as conquistas como para as derrotas, devemos estar preparados para que as oportunidades sejam apresentadas. Caso contrário, elas somente passam por meros acontecimentos ou fatos esparsos e sem sentido. Não basta ser o mais inteligente da turma, é preciso ser inteligente o suficiente para entender os caminhos que deve seguir e os arranjos que deve fazer. Não se trata de ser o mais esperto, mas de ser esperto o suficiente para conquistar aquilo que lhe é possível naquele momento. Não se trata de usar uma catapulta, mas uma alavanca. Não se trata de pegar atalhos, mas de seguir seu caminho.

Quando avaliamos as jornadas de cada um, percebemos que os grandes gênios deram ouvidos aos seus instintos, revelando de maneira simples o que deveriam fazer. Eles observaram atentamente sua capacidade, desenvolveram suas habilidades com muita intensidade, a ponto de se tornar uma rotina, iniciando, por fim, uma fase de pura aplicação. Cumpriram uma rotina de começo, meio e fim.

---

[42] GREENE, R., *op. cit.*, p. 44.

Não é quanto se faz, mas a maneira que se liberta para fazer muito bem-feito aquilo a que a pessoa se dispôs a fazer. Talvez seja por isso que todos se fascinam pela maestria.

Assim, só haverá performance desde que ocorra uma habilidade intensa e uma execução permanente e longa dessa habilidade. A conjugação desses elementos promoverá a ascensão desejada por todos. É o momento para você também construir sua jornada e, consequentemente, sua vitória. Nunca é tarde para iniciar o processo e nunca é difícil demais fazer aquilo que você deseja. Priorize-se!

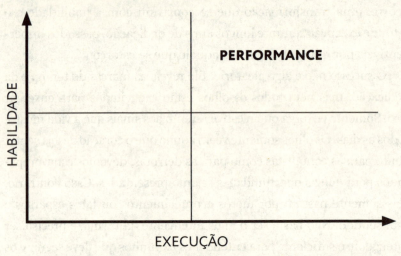

Neste capítulo, fizemos um incursão profunda no poder de suas escolhas para revelar que as habilidades e o tempo exercem papel fundamental em sua vida, sobretudo no desempenho da realização pessoal e profissional. A superação está intrínseca a suas escolhas. Quem faz as escolhas erradas prejudica ou atrasa os próprios resultados. Quem acerta nas escolhas colhe o bônus com muita intensidade. Por isso, não se esqueça: suas escolhas exercem relevância fundamental no desenvolvimento de suas habilidades e em sua prosperidade. Nesse momento, a atenção será voltada para a manutenção de tudo o que você já conquistou – o tema da nossa próxima fase, que será revelada no capítulo seguinte.

APLICAÇÃO
Jogo da vida

Quão preso você está a determinada situação, a ponto de não conseguir se libertar dela? Isso está relacionado a alguém a quem você seja extremamente leal, mas a recíproca não é verdadeira? Como você poderia criar condições para a plena realização de sua vida? Reflita sobre todos esses questionamentos e, então, prossiga para as questões seguintes.

O que aconteceu no decorrer de sua vida que o encantou a ponto de desejar fazer muito o que você quer fazer?

_____

_____

Como seria se você pudesse fazer cada vez mais o que deseja?

_____

_____

Com quanta dedicação você se comprometeria a isso?

_____

_____

Qual é o seu nível de compromisso para observar como fazer determinada atividade, adquirir a habilidade adequada e experimentar incansavelmente?

_____

_____

Qual o nível de competição ou de exigência da área que você deseja melhorar?

_____

_____

Para construir um relacionamento admirável, qual a importância de desenvolver habilidades e executar de forma eficiente o que deseja?

_____

_____

E para criar uma sociedade empresarial que colha os resultados desejados?

_____

_____

E para conquistar uma nova profissão?

_____

_____

Como seria se você conquistasse a habilidade que almeja e a executasse ainda este ano?

_____

_____

O que você sente com as mudanças que deseja fazer?

_____

_____

Como seria se você pedisse feedback para alguém em quem confia sobre seu comportamento atual?

_____

_____

Avalie de maneira flexível as perguntas anteriores e descubra se você está se aproximando ou se afastando de seu objetivo de vida. Se você foi capaz de pensar, imaginar e sentir, está pronto para cumprir seu objetivo de vida. Basta guardar esse sentimento e resgatá-lo sempre que gerar qualquer dúvida de conquistar tudo isso de que é merecedor. Não espere mais para conquistar a performance que deseja. Só você é capaz de construir a vida que almeja viver. Alinhe-se a seus pontos fortes. Comprometa-se consigo mesmo. Lembra-se da história de Davi?

> E Saul disse a Davi: Tu não estás apto para ir contra este filisteu e contra ele lutar; pois não passas de um jovem, e ele um homem de guerra desde a sua mocidade. E Davi disse a Saul: O teu servo cuidava das ovelhas do seu pai, quando apareceu um leão, e um urso, e tomou um cordeiro do rebanho; e eu saí atras dele, e o feri, e o livrei da sua boca; e quando ele se levantou contra mim, eu o peguei pela barba, e o feri, e o matei. O teu servo matou tanto o leão como o urso; e este filisteu incircunciso será como um deles, pois está desafiando os exércitos do Deus vivo. Além disso, disse Davi: O SENHOR que me livrou da pata do leão, e da pata do urso, livrar-me-á da mão deste filisteu. E Saul disse a Davi: Vai, e o SENHOR seja contigo.
>
> (1 Samuel 17:33-37)

Faça como Davi, esteja pronto para viver sua oportunidade, afinal não sabemos quando nosso milagre acontecerá.

CAPÍTULO 7

FASE DA RESILIÊNCIA: CONSTRUINDO A PERSEVERANÇA

*"A esperança diferida faz adoecer o
coração, mas quando o desejo vem, ele
é uma árvore da vida."*
(Provérbios 13·12)

Uau! Chegamos à penúltima fase de seu jogo da vida, cumprindo o propósito e gerando clareza em sua trajetória. Se você seguiu o passo a passo apresentado aqui, já está colhendo os resultados esperados e colocando em prática uma excelente mudança de vida e com a absoluta certeza de tudo aquilo que deseja viver e de como conseguirá alcançar tais objetivos. Chegamos agora à quinta fase, representada pelas placas de nossa autoestrada.

Você foi capaz de acabar com o modo automático, identificando o que era desconhecido e percebendo que tinha atitudes das quais nem fazia ideia, afastando os resultados desejados; conseguiu analisar sua vida para descobrir quais são seus desejos, independentemente do que as outras pessoas pensam ou esperam de você. Isso o auxiliou a gerar consciência de que o protagonista de sua vida é você mesmo e não há qualquer espaço para a manipulação dos outros. Seu livro está sendo escrito e não haverá páginas em branco, pois o que você quer é construir uma linda história de realização.

Você implementou novos comportamentos com base em decisões tomadas, tendo como baliza seu conjunto de valores, exclusivamente seus. Com coragem, isso lhe proporcionou clareza de tudo o que você queria e sintonizou suas decisões a fim de retirar qualquer carga de estresse ou dúvida. Você construiu seu modo de superar e tracionar a vida, pois todas as suas escolhas foram realizadas com base nos objetivos de vida muito evidentes e com alto grau de prioridade para você. Aliás, suas prioridades são outras e muito bem definidas, proporcionando tranquilidade em seu dia a dia.

E, agora, é chegado um momento de muito cuidado e atenção, pois não basta conquistar novos comportamentos, o segredo é mantê-los por todo o percurso. É hora de ser resiliente. Assim como seguimos as placas na autoestrada para manter o caminho correto e chegar ao destino, fazer a manutenção de toda a nossa transformação é o que nos dará direcionamento ao longo dos dias.

Tenho um grande amigo chamado Marcelo que relatou seu sonho em fazer o caminho de Santiago de Compostela, na Espanha. Marcelo estava tão entusiasmado que começou a me contar a história daquele lugar e por que ele se tornou um patrimônio da humanidade. Comentou que era um itinerário espiritual e cultural percorrido por centenas de milhares de pessoas anualmente.

Durante muito tempo, ele estudou e se preparou física, econômica e emocionalmente para essa jornada. Marcelo sabia que longos dias de caminhada produziriam uma reflexão muito intensa da vida e de tudo o que já tinha vivido e o que desejava viver... Até que chegou o dia de sua partida. Completamente entusiasmado, despediu-se da esposa, dos filhos e dos amigos. Ao iniciar a caminhada, relatou que muitos pensamentos de ódio, rancor e dor estavam em seu coração, mas com o passar dos dias ele notou que cada vez mais o perdão e o senso de gratidão pela vida tomavam conta de si. Marcelo percebeu que os caminhos da vida que ele estava percorrendo tinham uma simbologia muito específica para ele. Enquanto outras pessoas encaravam a vida como um caminho largo e farto, com repleto desfrute, acolhimento e abundância, Marcelo tinha uma visão negativa... e era hora de mudar isso.

Intrigado com tudo, ele continuou a caminhada diária e percebeu que o caminho de Santiago também era muito estreito, assim como a vida que ele enxergava; porém, muitas pessoas que lá estavam não o viam dessa maneira. Alegavam que aquele percurso era exuberante, belo, reflexivo e transformador. Foi então que ele compreendeu o que eram o ponto de vista e o mapa mental de cada um. Você somente enxerga aquilo que está liberado por si mesmo para acessar. Ele efetivamente compreendeu a seguinte frase: "Quem ama o feio, bonito lhe parece".

Ao longo do trajeto, esse amigo notou que sua percepção foi toda alterada, pois o perdão bateu à sua porta; percebeu que tudo é sobre si, e não sobre os outros; a arrogância é a armadilha que afasta você das oportunidades; a humildade é o acesso para os prazeres da vida; a ganância é a escuridão do quarto solitário; o amor é a ferramenta que liberta todos os corações; o ambiente modela aquilo que você se torna; as pessoas impulsionam o processo da vida para o bem ou para o mal; e o dinheiro não serve para se ter posses, mas para acelerar a construção de pontes para aquilo que você deseja viver.

Quando Marcelo me relatou tudo isso, fiquei muito admirado e me deu uma vontade súbita de fazer o mesmo percurso. E ele ainda disse que no final do ano retornaria para refazer todo o trajeto. Intrigado, eu indaguei o porquê disso, se a transformação já havia acontecido.

"Um dos ensinamentos que tive foi que o ambiente modela aquilo que você se torna e as pessoas impulsionam seu processo. E, diante disso, percebi que, após dois anos de retorno dessa minha aventura, a cada dia estou me tornando aquele homem que eu era antes da partida. Vou refazer [o caminho] para resgatar tudo o que eu vivi e refleti; afinal, somos uma máquina de fazer o que sempre fizemos na vida. Se tivemos muitos comportamentos bons no passado, seremos automaticamente levados a ter esses mesmos comportamentos bons.

Ao contrário, se tivermos pensamentos ruins, seremos levados a retornar para os mesmos pensamentos ruins."

Ele finalizou dizendo: "Agora meus entendimentos já serão outros, afinal não sou aquela mesma pessoa de dois anos atrás, quando parti pela primeira vez. A cada jornada e a cada caminhada, tenho a sabedoria para subir de nível e me moldar uma pessoa ainda melhor. O que não desejo é me economizar; quero ser ainda mais exponencial".

O relato desse amigo revela que nossa vida é uma eterna manutenção de nossa melhor versão. Você pode ter construído grandes e prazerosos objetivos de vida, mas a cada dia estará se aproximando ou se distanciando do que deseja viver. Não há como ficar parado. Você está na autoestrada, já está se movimentando, nunca mais voltará ao acostamento. A conhecida zona de conforto é uma grande falácia do ponto de vista de crescimento, pois o conforto o retira da disputa e da ação.

Imagine uma empresa que lançou um reconhecido produto que teve uma aceitabilidade muito grande no mercado. Se ela não estiver construindo a versão atualizada do produto ou a idealização de outro, logo será superada. O mesmo vale para nós. Sua esposa deseja a cada dia uma pessoa melhor para estar ao lado dela. Seu marido quer ser impressionado com alguma postura de evolução sua. As pessoas encantam-se com o novo e com o inesperado. Mas não se esqueça: esse comportamento deve estar aliado a alguma postura positiva, congruente e sábia.

O que tudo isso tem a ver com nossa evolução, a busca por uma vida próspera? Tudo! Quero mostrar-lhe que toda a implementação e conscientização que você gera em sua vida deve ter uma dose intensa de resiliência. E essa resiliência está relacionada à perseverança e à manutenção. Não há nada intenso e grandioso construído sem persistência. Não há nada admirável sem perseverança. A vida muda constantemente. As necessidades mudam constantemente. E, por isso, você precisa medir sua evolução e diminuir qualquer possibilidade de regressão.

O psicólogo estadunidense Abraham H. Maslow desenvolveu uma hierarquia das necessidades humanas conhecida como a Pirâmide de Maslow.[43] Para o autor, os seres humanos vivem para satisfazer suas necessidades pessoais e profissionais, conquistando a autorrealização plena, ou seja, cumprindo cada uma das necessidades humanas, o homem atinge sua plenitude. Mas, para Maslow, há uma hierarquização dessas necessidades humanas, dividida em cinco fases.

Na base estão os elementos primordiais para a sobrevivência, como a sede, a fome, o sexo e a respiração, isto é, os elementos fisiológicos. Conquistado o primeiro elemento, o ser humano passa a se preocupar com o próximo nível: a segurança, ou seja, a segurança do corpo, do emprego, da família, da saúde e da propriedade. O terceiro é o cunho social, como o amor e o relacionamento com a família, as amizades, a intimidade sexual e a interação. O quarto nível é a estima de si, compreendendo a autoestima, a confiança, a conquista, o respeito dos outros e o respeito aos outros. O quinto é a realização pessoal, que corresponde à moralidade, criatividade, espontaneidade, solução de problemas, ausência de preconceito e aceitação dos fatos.

PIRÂMIDE DE MASLOW

---

[43] **Pirâmide de Maslow**. Disponível em: https://www.significados.com.br/piramide-de-maslow/. Acesso em: 15 ago. 2023.

Essa hierarquização das necessidades humanas permite-nos entender que detemos a ânsia pela evolução e para melhoria de desejos. A cada nova fase, um novo desejo; e, para cada nova conquista, uma nova porta se abre para revelar anseios ainda desconhecidos, mas que agora nossos olhos estão abertos para conquistar.

A Pirâmide de Maslow nos proporciona algumas conclusões que elucidam o jogo da vida. Para a mudança de fases, é necessário que a fase atual seja saciada. Isso é o domínio da vida e de cada fase em que você se encontra. Você só evolui exercendo poder sobre si e aquilo que está vivendo. Os novos desejos para a vida são naturais e instintivos, pois seu corpo depende de desafios. É isso que gera a expectativa e a relevância para a vida. A disputa e o inesperado são temperos para uma vida com propósito. A resiliência está relacionada à conquista de necessidades diversas, e a cada nova saciedade uma nova expectativa e motivação surgem. As necessidades insatisfeitas geram reações negativas em seu comportamento, como as frustrações, os medos, as inseguranças, as angústias e as desilusões. Suas necessidades fisiológicas são as mais fáceis de serem cumpridas e as que menos provocam reconhecimento pessoal.

Mas há uma circunstância que muitos ignoram e que produz uma mudança radical em nós: a regressão. Não basta acessar ou desfrutar de algumas necessidades humanas, é preciso que nos preocupemos em permanecer ali, avançando. A persistência e a perseverança de postura impedem um resultado maléfico, que é o regresso. É como se estivéssemos saciando a necessidade humana da transcendência (influenciando pessoas e ambientes) e, por algum erro comportamental ou algum bloqueio emocional instalado e não verificado, deixamos de acessar essa evolução.

Imagine que você tenha excelentes resultados na vida pessoal e profissional, mas, em razão de alguns comportamentos inadequados (alguma explosão emocional o fez ter discussões que você não desejaria), seu ciclo de amizade parou de admirá-lo. Ou então você se prepara muito para apresentar uma palestra e o resultado é o pior possível, ninguém gostou, nem mesmo você. Isso significa que, a depender de como você vai reagir a isso (recriminando com intensidade sua explosão emocional ou afastando-se de fazer qualquer outra palestra), regredirá da fase da realização pessoal ou da estima em razão da frustração e do medo do erro. Terá de reconquistar aquela fase que anteriormente era comum e corriqueira para você. Chamamos de manutenção o ato de evitar que isso ocorra, persistência da fase.

Quantas pessoas ignoram isso e conquistam o sucesso pessoal e profissional, mas por algum deslize ou desajuste se submetem à regressão da vida. Quantas pessoas tiveram sua riqueza financeira, mas, por algum desajuste, seu apogeu financeiro foi quebrado e dilacerado. Quantas pessoas tinham casamentos maravilhosos, mas por algum comportamento inadequado e desaprovado viram o relacionamento acabar com a dor do divórcio. Quantas pessoas tiveram a empresa falida por uma escolha incorreta na assinatura de determinado contrato ou na expansão maior que poderiam fazer naquele momento, deixando uma margem de risco muito alta para a fase atual do negócio.

Todas essas formas de regressão potencializam sua ruína em viver aquilo que você efetivamente deseja viver. Justamente por isso, sua escala de valores foi construída ao longo deste livro por ordem de prioridade.

Seu poder de decisão foi enaltecido com o apontamento das decisões traiçoeiras; a ausência de clareza dos objetivos de vida implica a escolha do caminho incorreto. Cuidado com o falso caminho. O único resultado do desvio de caminho é a experiência. Nada se ganha ao desviar do caminho ao qual você foi destinado. A experiência é o resultado de qualquer episódio, pois ela o auxiliará a se afastar de algo ou promover cada vez mais aquilo que deu muito certo em sua vida. Experiência é saber repetir as coisas a fim de potencializar seus resultados, gerando ainda mais amplitude e sucesso. Sua experiência é valiosa.

O que temos de pensar é que a vida é como uma fila de prioridades. A cada esbarrada, você acaba por atrasar as demais oportunidades que estão atrás de você. A cada regresso, mais distante você ficará daquilo que sempre desejou viver.

FASE DA RESILIÊNCIA: CONSTRUINDO A PERSEVERANÇA

Aliás, é esperado que isso aconteça; afinal, passamos por problemas, imprevistos e dificuldades novas a todo momento. A vida é uma circunstância ambulatorial. Não adivinhamos o que ocorrerá nos minutos seguintes, mas podemos construir alicerces para proteger nossa jornada. O que nos conforta é que a trajetória molda nossa essência e nos prepara para viver aquilo que estamos disponíveis para viver, superando qualquer adversidade com sabedoria. E isso é sucesso e prosperidade. Sucesso está no repositório de decisões acertadas ao longo da vida.

O poder da decisão está no modo como reagimos a algum evento ruim; na maneira como somos vulneráveis aos nossos desejos; no momento correto de fazermos algum investimento; ou mesmo nas escolhas das pessoas certas para compartilhar ideias, colher sugestões ou construir novos projetos. O alinhamento de propósito é essencial para essa assertividade.

Will Smith relatou que, aos 11 anos, seu pai pediu que ele e seu irmão construíssem um muro novo na frente de sua loja. Comentou que seu pai cuidou apenas da demolição e passou toda a missão para os filhos. Naquele momento, quando viu o lugar sem o muro, ele sentiu uma incredulidade tão intensa que pensou "jamais haverá outro muro neste lugar". Por quase um ano, a dedicação dos irmãos foi essa e diariamente havia reclamação, discussão, desânimo, desinteresse e frustração, pois o muro não evoluía. Mas o pai não os deixava parar. Eles deveriam trabalhar todos os dias para cumprir a missão.

Certo dia, segundo Will, seu pai ouviu as reclamações dos irmãos e disse-lhes: "Parem de reclamar da porcaria do muro. Não existe muro, apenas tijolos. O trabalho de vocês é alinhar perfeitamente esse tijolo. Depois peguem o tijolo seguinte e depois o outro e o outro, assim sucessivamente. Não se preocupem com o muro. Tenham atenção apenas com o tijolo".[44]

Viver é assentar tijolos. Fazer todos os dias o que deve ser feito. A resiliência é sua arma para construir o muro, mas não se deve pensar nele

---

[44] SMITH, W.; MANSON, M. **Will**. Rio de Janeiro: Best Seller, 2021, p. 7-8.

em si, apenas nos tijolos. Quem somente pensa no muro se acovarda e se desanima das coisas grandes que podem ser construídas. O que o pai de Will fez foi revelar para os filhos que a vida é muito maior do que eles acreditavam e que a visão dos problemas determina sua capacidade e seu destino. O pai de Will permitiu aos filhos uma ressignificação do que é a tarefa de viver. Dia após dia você deve fazer apenas aquilo que pode, consegue e se permite fazer. O que importa não é o todo que se construirá, mas aquilo que se faz hoje para construir o todo.

Para isso, o que devemos fazer é proceder a um monitoramento de pessoas, ambientes e acontecimentos que circulam em sua vida. É como um jardim em que ervas daninhas crescem a todo momento e precisam ser eliminadas. A vigilância é constante. A dificuldade é que algumas pessoas constroem tanta simpatia pelo fracasso que acabam por se sentir agradadas por ele. Pode parecer absurdo, mas o pensamento reverso da positividade é cultuado inconscientemente por muitas pessoas. As derrotas, os fracassos e os erros sempre falam mais alto antes de qualquer atividade. É uma forma de rejeitar a prosperidade. Tudo é forma de pensamento. Por isso, a manutenção de viver aquilo que você deseja viver se torna inevitável.

Outras pessoas reclamam dos altos e baixos e das oscilações da vida, mas **eles dão a sensação de busca**! São eles que trazem nossa motivação para a vida. Um eletrocardiograma sem altos e baixos significa ausência de vida. Use os momentos ruins para motivá-lo a ter novos picos de vitória. Imagine que chato seria uma montanha-russa sem descidas, subidas, curvas e velocidade. A senoide de um filme é a oscilação entre a ação e o suspense, é a mistura entre atenção e medo. Já imaginou como seriam os filmes se todos fossem suspense do começo ao fim? Se fosse ação do começo ao fim? O telespectador assistiria ao filme e, ao final, um cansaço tomaria conta de si, justamente porque a atenção, o prazer, o medo e a retenção funcionam por meio da alteração de emoções. A vida ocorre da mesma forma. É a busca entre o equilíbrio do prazer e do sofrimento. É a combinação entre a ciência do desejo e a sabedoria do querer aprender.

O que devemos ter como ponto de partida é que seremos eternos aprendizes em cada fase da vida. Para isso, o culto da simplicidade e da humildade deverá ser a pedra de toque. A humildade será a chave de acesso para liberar mais conhecimento, converter mais sabedoria e construir grandes realizações. Somente o sábio constrói as pontes entre a inquietação e a prosperidade.

O curioso é que sempre que qualquer circunstância em sua vida muda você volta para um cenário de aprendizagem, pois a vida já é outra. As circunstâncias determinam sua evolução e é por meio do aprendizado que se consolida seu novo eu. Para cada fase, um novo despertar é gerado. Se você não for cuidadoso, sucumbirá à insegurança, se envolverá em questões e conflitos emocionais que dominarão seus pensamentos e desenvolverá medos e incapacidades de aprendizado que o prejudicarão por toda a vida.

Na Grécia antiga, cerca de 2.600 anos atrás, Píndaro revelou: "Torna-te quem és aprendendo quem és". O que ele queria dizer é que você só saberá seu verdadeiro valor se descobrir quem verdadeiramente é. Ninguém atribui valor àquilo cuja raridade desconhece. Se você não criar as condições adequadas e favoráveis para se transformar naquilo que tem a potencialidade para ser, jamais se conhecerá profundamente.

Para isso, a resiliência é essencial. Somente percorre o caminho da prosperidade aquele que se monitora, que se avalia, que é flexível e que tem clareza de seu propósito. Ser resiliente em sua manutenção é a sirene da prosperidade, pois o alertará a todo momento da possibilidade de sua evolução diária. O que lhe proporciona o progresso é a perseverança das ações simples, práticas e rotineiras; é a constância.

O interessante é que quem exerce a manutenção da vida desejada terá a percepção real daquilo que já viveu e deseja viver. Com base nisso, foi perguntado a algumas pessoas acima de 70 anos do que elas mais se arrependem da vida, e a maioria disse que foi não fazer aquilo que adoraria ter realizado; outras disseram que teriam avaliado com mais atenção suas atitudes.

Perceba como as duas respostas têm relação direta com a manutenção da vida, com a falta de resiliência. Não fizeram aquilo que adorariam ter realizado porque se economizaram ou se escravizaram a fazer coisas que não eram tão importantes. Ou, então, deixaram de avaliar com mais atenção e cuidado suas atitudes e seus comportamentos, cedendo lugar para o ego, a vaidade, a competição, a urgência ou a satisfação imediata. É como ter atitude sem sabedoria, ter conhecimento sem ação.

Monitorar é construir o ecossistema para seu crescimento, e não somente para impedir sua regressão. Monitorar é importante para valorizar sua jornada já construída.

Henry é representante comercial e comprou a casa dos sonhos por alguns milhões de dólares. Era uma casa realmente imponente. Tinha piscinas, diversos quartos, uma garagem enorme, estábulos para cavalos, espaços para caminhadas... Henry só pensava que conseguira a tão sonhada casa. Mas, com o passar dos dias, ele percebeu que desfrutava pouco dela. Passou a trabalhar muito mais para manter a grande despesa que o local gerava, viajando mais para reuniões, dormindo em outras cidades...

Certo dia, ele notou que raramente ficava em sua casa dos sonhos e, quando o fazia, na maior parte do tempo estava dormindo para recuperar as energias da tumultuada semana de trabalho e viagens. O relacionamento com a esposa e os filhos estava cada vez mais distante e frio. A intimidade cedeu espaço para o silêncio e a falta de perguntas. Então, Henry concluiu: "Eu não estou vivendo o meu sonho, e sim meu sonho está vivendo às minhas custas".[45]

Henry tinha duas opções: fazer a manutenção da vida para viver o que desejava ou se arrepender aos 70 anos de não ter vivido coisas que acreditava ser importantes para ele. Esta parte do livro não tem o intuito de desencorajá-lo a continuar trabalhando bastante ou a perseguir a riqueza financeira. Ao contrário, acredito que a prospe-

---

[45] DEMARCO, MJ., *op. cit.*, p. 51.

ridade também está relacionada com sua condição financeira para lhe proporcionar acessos. O que desejo é revelar a importância de monitorar tudo o que você deseja viver em seus relacionamentos, seu trabalho, sua empresa, suas amizades, sua produtividade, sua atenção com o dia a dia. É a resiliência que recalculará a rota a todo momento. Isso fará com que você esteja atrás somente daquelas trincheiras que valem sua vida, seu tempo e suas escolhas.

Lembra-se do que conversamos logo no início deste livro? Seu tempo de vida é como um combustível para mover o carro. Mas você não pode ficar reabastecendo. É somente um tanque de combustível para fazer todo o percurso. A performance na estrada determinará o consumo e o desempenho do carro. Você poderá gastar todo o combustível antes de chegar ao destino e não desfrutar do passeio; poderá aproveitar todo o percurso e chegar ao destino com plena alegria, intensidade e descontração; ou então poderá chegar ao destino com absoluta disposição e sobra de combustível, pois soube gerir seus recursos adequadamente. A vida é isso, seguir as placas para continuar na direção certa, dirigindo com segurança e propósito por sua autoestrada.

Pensando assim, construí os mantras da resiliência de vida, para que você possa firmar o absoluto compromisso consigo de viver sua vida de abundância.

- **Atualize seu mapa mental**: Gere valor, aprenda diariamente e evidencie seus resultados.
- **Minimize prejuízos**: Os resultados desejados estão naquilo que você ainda não sabe de si.
- **Potencialize** seus pontos fortes e monitore os pontos fracos.
- **Siga sua prioridade**: Concentre-se no que é bom e favorável para você.
- **Esforce-se pela superação**: Falhas, fracassos e frustrações fazem parte da jornada.
- **Foque o que quer expandir**: Atente para sua prioridade.

- **Alie-se ao tempo**: Sua transformação depende da perseverança.
- **Conheça seus valores**: Construa a escala de execução.
- **Comunique-se com o próximo**: Pavimente seu caminho com empatia.
- **Amplie a criatividade**: Seja flexível e amplie seus horizontes.
- **Pratique o essencialismo**: Seja você a transformação que deseja do mundo.
- **Acredite**: Confie no processo.

Viver uma vida extraordinária e próspera não requer somente decidir viver, mas também ser resiliente. A cada dia somos movidos a ignorar e retomar nossa inconsciência e mediocridade, mas não podemos deixar isso acontecer. Então, como será o seu hoje?

A manutenção de tudo o que você merece está relacionada à sua resiliência para atingir o que você deseja. Não há motivos hábeis para justificar uma economia de tempo para se dedicar a você. Você é sua prioridade. Por longos anos não acreditei nisso e sentia-me constrangido em dizer isso. Mas aprendi que não ajudo ninguém se não me ajudar primeiro; não curo ninguém se não estiver curado; não tenho resultados se não monitorar meus passos. O momento é somente seu, então siga as placas de sua autoestrada, siga seu propósito.

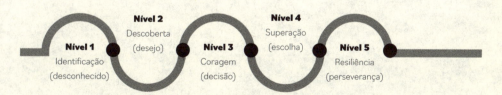

Talvez você tenha pensado que a jornada acabou, mas ainda temos uma última fase para superar. Vamos finalizar essa incrível jornada com muita transformação?

APLICAÇÃO
Jogo da vida

Como você vai perceber que não está cumprindo seu compromisso pessoal de avançar todos os dias? O que você fará para recentralizar sua rota? Com quem pode confidenciar seus objetivos de vida que tenha total liberdade para alertar você do desvio de rota? Como se sentirá se alguém de sua confiança lhe disser que você não está sendo perseverante em seu objetivo de vida? Você é capaz de reconhecer suas fraquezas e retomar seu propósito? Como você se sentiria se percebesse que está perseverando há mais de sessenta, noventa, 120 ou 150 dias em seu objetivo?

Escolha alguém e compartilhe tudo isso para que, juntos, vocês consigam se monitorar mutuamente e avançar. O diálogo diário traz mais intensidade ao incentivo.

CONCLUSÃO

FASE DA CONQUISTA: COLHENDO SEUS RESULTADOS

"Porém, que cada homem prove sua própria obra, e então poderá gloriar-se em si mesmo e não em outro."
(Gálatas 6·4)

Um novo tempo se abre quando buscamos viver algo novo!

É chegado o momento de percorrer uma nova fase em sua vida e comemorar cada evolução conquistada ao decorrer da trajetória. Você está em seu destino, vivendo a vida que merece e almeja. E essas evoluções são frutos de todos os seus erros, fracassos, desilusões, cansaços, angústias e, principalmente, coragem. Não há um novo homem sem um grande despertar. Não há uma grande mulher sem um novo reviver.

Em determinados momentos, nos economizamos e não vivemos a vida extraordinária que merecemos, pois não sabemos a exuberância que encontraremos após o esforço. Isso até entendermos que a vida é um processo de fases. Não há colheita sem plantio; não há fartura sem colheita; e não há saciedade sem vontade de fazer aquilo que desejamos. Quando começamos a converter em ação todos os nossos desejos, um novo mundo se abre.

Davi viveu algo novo. Ele estava levando comida para seus irmãos e logo passou a enfrentar um gigante a sua frente. José estava recebendo uma veste nova em um dia e no outro estava vivendo como escravizado em uma comitiva. Daniel foi testado em um dia e levado aos leões no outro.

Com isso, quero mostrar-lhe que viver algo novo não significa somente abundância e alegria. Mas, ao compreender que o percurso e o processo determinam sua jornada, tudo muda em sua vida. Se Davi focasse apenas a disputa com o gigante Golias, ele estaria amedrontado por toda a sua vida; se José ficasse se lamuriando na prisão, não teria assumido nenhum reinado; se Daniel tivesse escondido sua fé, não teria controlado os leões.

A diferença entre as pessoas está na intensidade com que avaliam o que desejam viver todos os dias. Qual é a relevância que você dá a cada fato que ocorre em sua história? Certo dia, quando eu tinha apenas 11 anos, fui diagnosticado com uma infecção ocular e perdi por completo a visão do olho esquerdo. Naquele tempo, a preocupação médica era de que a infecção evoluísse para o outro olho ou para o cérebro e acarretasse danos mais graves. Foram dias terríveis de dor e sofrimento para mim e para minha família. Várias pessoas diziam como seriam meus próximos dias, alegando que eu teria um atraso no aprendizado, na evolução dos estudos ou na capacidade intelectual. Se eu ficasse preso somente aos relatos e ignorasse o que poderia viver, estaria em uma jaula, acorrentado ao sofrimento e ao pessimismo. Mas não foi o caso. O médico recomendou iniciar aulas de tênis para que eu desenvolvesse e fortalecesse os nervos oculares, além de outros benefícios, e foi o que eu fiz. Eu entrei na autoestrada e cheguei ao meu destino, à fase da conquista.

Atualmente, faço a reflexão de que minha maior característica é o poder da disciplina. E onde foi que desenvolvi essa habilidade? Na prática intensa do esporte. Foram longos anos treinando mais de quatro horas, com treinos técnicos, preparação física e mental. E isso me proporcionou entender o processo da vida. A colheita atual do que me auxilia a desempenhar cada vez melhor em tudo o que eu faço foi plantada na infância com sementes acanhadas, mas que germinaram na construção de um homem com vigor, coragem, disciplina e perseverança.

Quando passamos a acreditar em nossa capacidade e nas possibilidades que a vida nos apresenta, passamos a ter a real compreensão do que é a força da identidade. Passamos a saber quem realmente somos e o que podemos fazer. Enquanto isso não acontece, sufocamo-nos no medo e na impossibilidade. Se você não tivesse incertezas, jamais duvidaria do que é capaz de fazer. Os relatos bíblicos nos mostram isso a todo momento. Tanto é que Saulo se tornou Paulo, Sara se tornou Saara, Jacó se tornou Israel. Isso é a representação de que, quando você descobre sua verdadeira identidade, um novo olhar e uma nova vida se abrem para o novo mundo que se apresenta.

Quando nos deparamos com nossa capacidade, não nos acovardamos para nada. Ao contrário, seguimos como um guerreiro mesmo quando nossa batalha for a mais improvável e impossível. São as vitórias improváveis que dão força para conquistar ainda mais abundância e prosperidade. Não acredite que os grandes problemas vão paralisar você. O que o paralisa são as formas como você enxerga esses problemas. Sua dimensão está maior que o próprio problema e, nessa fase do jogo da vida, você já consegue identificar esse perigo.

Seu olhar deve estar sintonizado com suas escalas de valores para pautar suas decisões. Tais decisões, alinhadas com seus objetivos de vida, não permitirão que você se enfeitice com os atalhos traiçoeiros. Assim, sua vida passa a ter coerência com tudo aquilo que você deseja viver. Você não terá uma vida de fuga, e sim de plenitude naquilo que o faz bem e feliz.

O famoso mito da caverna, de Platão, reflete essa realidade. Tinha um homem que vivia em uma caverna com diversas outras pessoas. Eles sempre moraram na caverna, um lugar escuro e sem quaisquer sinais de evolução. A multidão que lá vivia sempre dizia para ninguém sair, pois do lado de fora encontrariam criaturas perversas e perigosas. O medo era das coisas ruins que lá estavam. Mas esse homem, cansado de viver a monotonia daquele espaço rude e insalubre, arriscou a própria vida e saiu da caverna. Foi quando descobriu uma vegetação maravilhosa, um rio limpo e uma exuberância de peixes e outros animais. Encontrou também perigos e surpresas, mas nada superava o poder do novo mundo. Com compaixão de todos os demais amigos, voltou à caverna para contar tudo o que tinha visto e chamá-los para conhecer o que estava bem ali, mas as pessoas que viviam na caverna disseram que ele era louco e que deveria fugir ou então seria morto.

O mito da caverna de Platão reflete nossa história. Não acreditamos no mundo de abundância e extravagância que há na vida até começarmos a vivê-la, construindo-o com base em nossos pensamentos, atitudes, amizades e virtudes. O dilema passa a ser a manutenção dessa vida escolhida por nós. Inconscientemente, somos levados a regredir, mas o importante é não não nos afastarmos daquilo que faz sentido para nós. Quanto mais deixarmos de nos monitorar, mais distantes estaremos de prosseguir. Lembra-se daquela história do amigo que fez o caminho de Santiago de Compostela? Passados dois anos, ele retornou para renovar suas expectativas, suas descobertas, seus desejos, suas escolhas, seus valores, justamente para que um novo padrão não fosse constituído inconscientemente em sua vida. Quanto mais espaço deixarmos para regressão, mais próximos estaremos dela. Quanto mais atento aos nossos passos e a nossa jornada, mais avanços teremos.

Perceba que essa jornada é realizada a cada novo objetivo de vida traçado. Desejamos ter uma família coesa, pautada na fé, no respeito, no amor e na entrega. Quando atingimos isso, nosso compromisso é mantê-la. E um novo mundo de oportunidade se abre para construir novos objetivos de vida, trazendo novos rumos para a autoestrada da vida. Você estará sempre jogando o jogo da vida, cumprindo as fases da identificação, da descoberta, da coragem, da superação, da resiliência e da conquista – mas, agora, com as ferramentas necessárias para deixar essa viagem mais suave e constante.

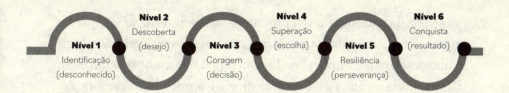

Justamente por isso a vida se torna tão atrativa. Somente se esmorece quem não compreende o processo. E a cada novo desafio uma nova motivação, como: entender o desconhecido, cativar um desejo, tomar as decisões acertadas, fazer as escolhas na ordem de prioridade, ter a perseverança na medida de sua vontade e colher os resultados esperados.

Você deve estar se perguntando: "Mas, Angelo, o que farei depois disso?". Você já compreendeu que quanto mais fortes e vívidos forem seus objetivos de vida, mais exuberante será sua vida, certo? E quanto mais próximo você estiver de seus objetivos, mais prazer será gerado em sua vida também. Portanto, não se economize em estabelecer esses propósitos! E jamais se esqueça: o prazer está na jornada, e não no final.

Há uma linda história sobre uma viagem para Maui, cujo percurso é a bela estrada de Hana. É uma estrada longa e sinuosa que, por horas, passa por paisagens de tirar o fôlego, com cachoeiras, penhascos, montanhas e praias. No final, não há nada mais que a cidadezinha de Hana, com um posto de gasolina.

Várias pessoas viajam para esse lugar e, quando chegam ao destino, ficam frustradas com o que encontram. O que elas não entendem é que a beleza está no trajeto, e não no destino. Por isso, o ponto turístico é a bela estrada de Hana. Quanto mais desejarmos saber o que encontraremos no final e ignorarmos o percurso, mais desilusão teremos na vida e menos aproveitaremos o que ela tem a nos oferecer.

Por isso, é chegado o momento de um novo tempo em sua história. O que você construiu durante esse jogo da vida reflete sua capacidade de fazer as escolhas certas, pautar seus valores na ordem de prioridade, transformar seus resultados em comemoração. Na autoestrada da vida, devemos ter muita consciência do lugar em que estamos, das possibilidades que temos, de nossa capacidade de atingir o que desejamos e também do lugar no qual queremos desembarcar. Cada parada e cada fase é motivo de transbordo, de comemoração. Transbordar é festejar e se entregar para um novo tempo de reconexão de si, consigo e para si.

Jamais se esqueça de que a prosperidade é o resultado de objetivos, clareza de vida, decisões e caminhos. O grande segredo é ter a liberdade para escolher por onde quer percorrer, com maturidade e sabedoria para desfrutar de suas escolhas. Quanto mais dificuldade e problemas você colocar na bagagem, mais pesada e árdua será a trajetória. A arte de ressignificar é a mola propulsora para sua avalanche de resultados positivos que serão colhidos. Ressignifique tudo o que afaste você de seus sonhos e desperte o poder que há dentro de si.

Muito obrigado por me acompanhar nessa viagem que fizemos. Agora é a sua vez de dirigir sozinho pela autoestrada da vida, e espero que possamos nos encontrar em novas paradas.

"E ele disse-me: A minha graça é suficiente para ti, porque a minha força se aperfeiçoa na fraqueza. De boa vontade, pois, me gloriarei nas minhas fraquezas, para que o poder de Cristo repouse sobre mim." (2 Coríntios 12:9)